FOOD
MUSIC

BLV Records
Gr
Onions
Diced Pineapples
BLV Records
Cat Fish
Es gibt Rei
Baby
BLV RECOR

HENRIETTE WULFF · UDO EINENKEL

EAT THE BEAT

blv

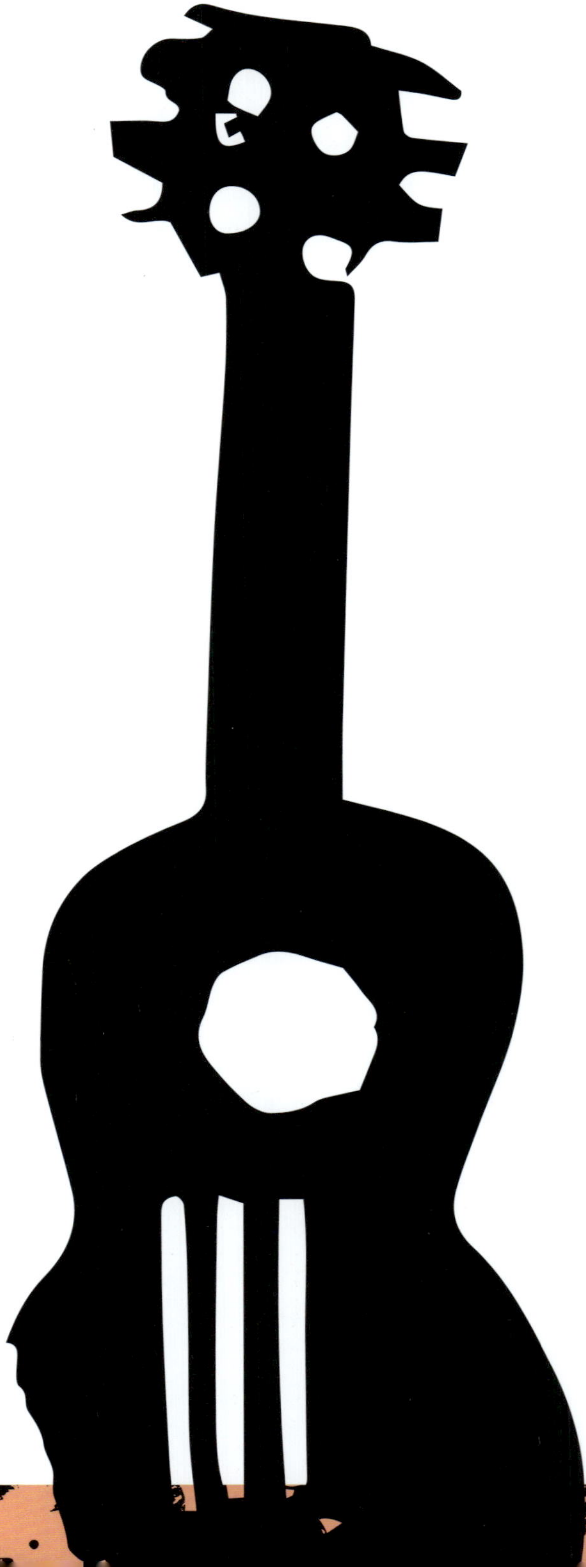

INHALTSVERZEICHNIS

EXKLUSIV:
DAS VORWORTINTERVIEW

47 SONGS ZUM NACHKOCHEN?! WIE SEID IHR AUF DIESE IDEE GEKOMMEN?

UDO: Als Henriette und ich an ihrem ersten Kochbuch zusammengearbeitet haben, ist uns aufgefallen, dass es ziemlich viele Songs gibt, in denen Essen eine Rolle spielt. Da kam bei uns natürlich schnell die Frage auf: »Was für ein Dessert wäre z. B. der Rolling-Stones-Song *Brown Sugar?*« oder »Was für ein Gericht wäre der Red-Hot-Chili-Peppers-Song *Pea?*«

HENRIETTE: Wir haben dann nach und nach immer mehr Songs entdeckt, zu denen uns Rezepte eingefallen sind und die uns inspiriert haben. Gemeinsam mit unserer Lektorin haben wir dann ein ganzes Kochbuch zu diesem Thema entwickelt.

WAS HABEN DENN KOCHEN UND MUSIK GEMEINSAM?

HENRIETTE: Beides hat ganz viel mit Kreativität aber auch mit Handwerk zu tun. Und richtig gut Kochen, das heißt, auch mal mit den Regeln brechen, mit Gewürzen experimentieren, eine persönliche Note ins Rezept einarbeiten. Das macht ja ein Musiker genauso. Und ob man nun die Küche oder das Hotelzimmer verwüstet, ist doch egal, oder?

WIE WIRD MAN EIGENTLICH KREATIV? MUSS MAN DAS IM BLUT HABEN?

UDO: Wenn du anfängst, Musik zu machen, spielst du erst mal deine Lieblingssongs so nach, wie du sie kennst. Das schadet auch nicht, man muss ja die Basics drauf haben. Aber sobald man dann ein bisschen Erfahrung gesammelt hat, fängt man an rumzuprobieren. Und schon hat man eine ganz persön-

WIR SIND FÜR MEHR ROCK'N'ROLL IN DER KÜCHE!

liche Coverversion oder sogar die erste Eigenkomposition geschaffen.

HENRIETTE: Und am Herd läuft das genauso. Anfangs kochst du nach, aber ehe du es merkst, komponierst du deine eigenen Gerichte. Mit unseren Rezepten wollen wir die Leser auf den Geschmack bringen, nach Lust und Laune zu experimentieren …

UDO: Und zeigen, was kreativ sein bedeutet: Hol dir deine Inspirationen von überall her, aus einer Speisekarte, auf Reisen, aus einem Film oder wie wir aus einem Song. Lass die Gedanken fließen und hab Mut zu spinnen …

UND WAS ERWARTET DIE LESER IN EUREM BUCH?

HENRIETTE: Los geht's natürlich mit einer kleinen Frühstückstournee als Anheizer. Wir haben uns ein bunt gemischtes Line-Up ausgedacht, damit jeder vom Morgenmuffel bis zum Fitnessfreak auf seine Kosten kommt.

UDO: Und dann geht's nahtlos über in die To-go-Tour. Uns war es wichtig, dass sich unsere Leser auch unterwegs und in der Mittagspause nicht mit Massenprodukten aus der Konserve abspeisen lassen müssen. Energetische kleine Snacks mit Geschmack und gesundem Mehrwert stehen da auf der Playlist.

HENRIETTE: Zum Abend startet dann unsere Dinner-Tour: Mit chilligen Beats und tollen Gerichten fürs Abendessen. Das meiste kommt eher leicht daher, aber das ein oder andere Heavy-Metal-Gericht für ambitioniertere Köche ist natürlich auch dabei.

UDO: Und dann heißt es: Party, Party, Party. Da haben wir ordentlich aufgefahren, auf dass sich die Turntables und Servierplatten biegen mögen.

HENRIETTE: Und natürlich darf als letzte Zugabe das Dessert nicht fehlen …

EUER MOTTO IST *MEHR ROCK'N'ROLL IN DER KÜCHE*. WAS BEDEUTET DAS FÜR EUCH?

UDO: Rock'n'Roll heißt immer Veränderung. Mal was Neues wagen. Und wer richtig gut kochen will, sollte das unbedingt beherzigen und nicht nur mit fremden, sondern auch mit eigenen Ernährungsgewohnheiten brechen. Mal was Vegetarisches, Veganes, oder Rohkost auf den Tisch stellen. Neue Gewürze ausprobieren. Mal im Dunklen essen. Oder auch mal Fasten. Einfach was ausprobieren, was man noch nicht kennt. Das macht Spaß, ist interessant und öffnet einem neue Wege. It's only Rock'n'Roll, but I like it.

HENRIETTE: Naja, Fasten wäre jetzt nicht unbedingt meins, dafür esse ich einfach zu gern. Aber ich stimme zu, dass man beim Kochen und Essen neue Dinge ausprobieren sollte und sich nicht von strengen Regeln in seiner Kreativität bremsen lässt.

UDO, DU BIST JA VEGETARIER. SCHRÄNKT DAS NICHT AUTOMATISCH DIE KREATIVITÄT IN DER KÜCHE EIN?

UDO: Ich hoffe doch sehr, mit meinen Gerichten im Buch einmal mehr unter Beweis gestellt zu haben, dass der Verzicht auf Fleisch und Tierprodukte nichts mit dem Verzicht auf Geschmack und Spaß zu tun hat. Die vegetarischen Gerichte sind übrigens mit markiert, die veganen mit .

HENRIETTE: Ich sehe es genauso, dass man auch ohne Fleisch einfallsreich und lecker kochen kann. Ich esse zwar sehr gerne Fleisch, aber es muss auch nicht jeden Tag ein Steak auf dem Teller liegen.

EXKLUSIV:
DAS VORWORTINTERVIEW

UDO, WIE BIST DU ZUM KOCHEN GEKOMMEN?

UDO: Meine Mutter ist eine super Köchin und hat in mir schon früh ein anspruchsvolles kulinarisches Schleckermaul heranreifen lassen. Küche, lecker Essen und ebenso die Schallplattensammlung und Musiktruhe meiner Eltern waren in meiner Jugend die magischsten Anziehungspunkte überhaupt.

UND DU HAST BALD SELBER MUSIK GEMACHT?

UDO: Music was my first love … und mein erstes Schlagzeug habe ich mir mit Geld vom Zeitungsaustragen beim Otto-Versand bestellt. Mit Schulfreunden gründete ich in den 1970er-Jahren die Band Bastard, wir spielten Songs großer Rockbands nach und waren mit unseren 14 Jahren, langen Haaren und Rockstar-Attitude ziemlich cool für eine niedersächsische Kleinstadt.

KOCHEN WAR ALSO NEBENSACHE?

UDO: Da irrst Du Dich aber. Nebenbei besuchte ich eine Berufsfachschule für Ernährung. Alles für einen erfolgreichen Start in die Welt der Gastronomie. Ich wollte anfangs aber tatsächlich Rockstar werden und bin, wie David Bowie, nach Berlin gegangen. Dort habe ich in den 1980er-Jahren mit der Indie-Pop-Band Cathrin the Great versucht, professionell Musik zu machen. So richtig von der Pike auf. Viel Proberaum, Plattenstudio, erste Langspielplatte und immer wieder Gigs, Gigs, Gigs. Leider hat es nicht für den Rock-Olymp gereicht und ich habe mich mehr und mehr auf meine Arbeit als Koch konzentriert.

MIT ERFOLG!

UDO: Mit meinem vegetarischen Bio-Restaurant Abendmahl gab es dann Sterne, Kochmützen und großes mediales Feedback. Ich avancierte mit schrägen Veranstaltungen wie Essen im Dunkeln und der Tödlichen-Eiscreme-Serie zum Kult-Koch. Nebenbei arbeitete ich mich in die Welt der Foodfotografie und die des Foodstylisten ein. Heute lässt alles, was sich rund um das Thema Essen, Kochen, Foodfotografie und Gesundheit, mein Herz höher schlagen. I'm a Rock'n'Roll Foodie!

HENRIETTE, WIE WAR DAS BEI DIR?

HENRIETTE: Mit dem Kochen ging es bei mir schon im Kindergartenalter los. Ich hatte sogar einen funktionierenden Kinderherd. Meine Mutter hat viel gekocht. Da konnte ich mir einiges abschauen und habe gerne mitgeholfen. Es kamen auch schon mal 80 Gäste zu einer Party, für die wir gemeinsam ein Buffet-Konzept entwickelt haben. Da standen wir dann etwa 2 Tage in der Küche – das war viel Arbeit, aber hauptsächlich ein großer Spaß. Wir haben gerne viele neue Dinge ausprobiert und uns zusammen Rezepte ausgedacht. Bei uns gab es eigentlich nie diese Standard-Hausmannskost, sondern eher ausgefallene oder exotische Küche. Wir bringen uns auch aus dem Urlaub immer neue Leckereien und kulinarische Entdeckungen mit. Heute noch sind unsere Lieblingsthemen Essen und Kochen.

HAST DU DENN AUCH EINE MUSIKALISCHE VERGANGENHEIT?

HENRIETTE: Zur Musik kam ich in der Grundschulzeit. Da habe ich angefangen Geige zu spielen. Das war mir natürlich später zu uncool und ich bin auf Gitarre und Schlagzeug umgestiegen. Ein paar eigene Songs habe ich damals auch geschrieben, die waren zwar nicht hitverdächtig, aber mir ging es auch eher um den Spaß. Ich war früher fast jedes Wochenende auf Konzerten, meistens Punk und härtere Musik. Und während der Schul- und Studienzeit habe ich nebenbei in Plattenfirmen gearbeitet.

HEUTE BIST DU ERFOLGREICHE KOCHBUCHAUTORIN …

HENRIETTE: Ja, mittlerweile stehe ich lieber am Herd. Rezepte zu entwickeln und mich beruflich mit dem Thema Essen beschäftigen zu können, ist einfach das Größte. Ich lasse mich immer und überall inspirieren. Insbesondere auf meinen vielen Reisen. Hier entdecke ich neue Zutaten, Geschmackskombinationen und Zubereitungsarten.

GEWÜRZE GEHÖREN ZUM GUTEN TON

WAS MACHT FÜR EUCH GUTES ESSEN AUS?

UDO: Das ist wie bei einem guten Popsong. Damit ein Stück ins Ohr geht und zum Tanzen animiert, braucht es keine komplizierten Tonarten: Eine gute Grundmelodie ist das Geheimnis eines Erfolgstitels. Für mich ist die Würze der Herzschlag eines gelungenen Gerichts. Stimmt die Grundnote nicht, kannst du teure Zutaten verwenden, so viel du willst. Viele meinen ja immer, vegetarische Gerichte schmecken nicht so richtig nach was, weil das Fleisch eben fehlt. Ich als Vegetarier kann da nur sagen: Es ist nicht das Fleisch, das fehlt, sondern die richtige Würze. Deshalb verrate ich Euch auf Seite 10 exklusiv das Grundrezept für meine Gemüsebrühe. Denn gute Köche kochen nicht nur mit Wasser, sondern mit Brühe.

HENRIETTE: Wichtig sind mir qualitativ hochwertige Zutaten. Fertigprodukte kommen bei mir nicht auf den Tisch. Genauso wenig wie ich Musik aus der Konserve mag. Beim Kochen sollte es ehrlich und handgemacht sein und man muss schmecken, dass jemand mit Herz bei der Sache war. Dazu gehört auch die richtige Würze und gerne auch mal außergewöhnliche Kombinationen, denn langweiliges und fades Essen geht gar nicht. Ob gegrillt, gebraten oder geschmort – ich habe auch gerne mal ein schönes und saftiges Stück Fleisch oder Fisch auf dem Teller. Das spricht dann bei guter Qualität geschmacklich für sich. Allerdings kann es auch nicht schaden, wenn man dem Ganzen eine ordentliche Würze verpasst. Sehr gerne arbeite ich mit Marinaden und Würzpasten, in denen die guten Stücke am besten über Nacht durchziehen können, zum Beispiel die Jerk-Würzpaste von Seite 11.

WAS BRINGT NOCH ROCK & ROLL IN DEN KOCHTOPF?

UDO: Ein allgemeingültiges Geheimrezept gibt es nicht. Außer: Geht nicht gibt's nicht. Wichtig ist, dass man sich traut, zu experimentieren. Wenn es nicht schmeckt, macht man es beim nächsten Mal eben anders.

HENRIETTE: Rock'n'Roll in der Küche, das heißt für mich, Regeln brechen und Grenzen überschreiten. Man kann aus verschiedenen Länderküchen Crossover-Rezepte zaubern oder Süßes und Herzhaftes mischen. Wer sagt zum Beispiel, dass Vanille nur was für süße Sachen ist? Die passt unter anderem super zu Seafood oder Gemüse. Setzt euch selbst keine Grenzen und improvisiert mit allem, was das Gewürzregal so hergibt. Man darf nicht zu perfektionistisch an die Sache herangehen und sollte einfach Spaß in der Küche haben.

EXKLUSIV: GEMÜSEBRÜHE

GUTE BRÜHE
MUSIK IM KOCHTOPF

ZUTATEN FÜR CA. 3,5 LITER

300 g Möhren
200 g Lauch
100 g Fenchel
100 g Knollensellerie
50 g Weißkohl
70 g Petersilienwurzel
100 g Tomaten
100 g Champignons
100 g Zwiebeln
5 kleine Blätter Liebstöckel frisch oder getrocknet
20 schwarze Pfefferkörner
1 Bund Petersilie
2 Lorbeerblätter
8 Pimentkörner
2 gehäufte TL Salz
½ Muskatnuss, frisch gerieben
4 l Wasser

ZUR VORBEREITUNG: Möhren, Lauch, Fenchel, Knollensellerie, Weißkohl, Petersilienwurzel, Tomaten putzen und in kleine Stücke schneiden. Champignons mit einem Tuch oder einer Bürste säubern, Zwiebeln schälen und beides klein schneiden.
FÜR DIE BRÜHE: Alle Zutaten zusammen in einen großen Topf geben und zum Kochen bringen. Dann die Suppe auf kleiner Flamme im geschlossenen Topf ca. 15 Minuten köcheln. Brühe erst abkühlen lassen und dann das Gemüse durch ein Sieb abgießen. Dabei die Brühe auffangen.
Die Brühe hält sich in einem gut verschlossenen Behälter im Kühlschrank 7 Tage. Eingefroren bleibt sie bis zu 3 Monate einsatzbereit.

WÜRZIG:

JERK-WÜRZPASTE

EXOTISCHE BEATS AUF DEM TELLER

ZUTATEN

je 5 Nelken, Wacholderbeeren, Pimentkörner
½ Bund Thymian
1 kleine rote Zwiebel
5 Knoblauchzehen
2 TL Ingwer, gerieben
Saft und Schalenabrieb von 1 Bio-Limette
60 ml Pflanzenöl
5 EL stückige Tomaten aus der Dose
1 EL Tomatenmark
2 EL brauner Rum
50 ml Ananassaft
je 1 TL Zimt, Koriander- und mildes Paprikapulver
je ½ TL schwarzer Pfeffer, Kreuzkümmel und Chipotle-Chili-Pulver
je ¼ TL Muskat und Salz
2 TL Rohrzucker

ZUBEREITUNG: Nelken, Wacholder und Piment mörsern. Die Thymianblätter vom Stiel abzupfen. Zwiebel, Knoblauch und Ingwer schälen. Mit allen weiteren Zutaten in einem Blitzhacker zu einer feinen homogenen Masse zerkleinern.

Die Menge reicht für ein Fleischgericht für etwa 4 Personen. Man kann damit Fleisch, Fisch oder Meeresfrüchte marinieren und grillen oder braten.

KÜCHENHITS VOL. 1

BREAKFAST-TOUR

MUSIKALISCH INSPIRIERTE FRÜHSTÜCKSHITS FÜR DEN PERFEKTEN ENERGIESTART IN DEN TAG

ARME RITTER
FRISCH AUFGELEGT

MILK AND TOAST
AND HONEY
ROXETTE

Ein bisschen Soulfood am Morgen: Bei Milch, Toast und Honig geht laut Roxette am Morgen die Sonne auf, auch wenn der vermeintliche Traumprinz sich gerade mal wieder mehr wie ein armer Ritter verhält. Fand Udo auch beim Anhören des bitter-süßen Frühstücksradio-Klassikers. Und möchte mit dem Rezept beweisen, dass ***arme Ritter mit Kumquat-Kompott und Honig-Pistazien-Joghurt*** *ziemlich lecker schmecken können. Im Song ist es ja auch so: Vielleicht ist er ja doch die wahre Liebe.*

ZUTATEN
FÜR 4 PERSONEN

KOMPOTT
100 g Kumquats
50 g Akazienhonig
1 gehäufter TL Speisestärke
100 ml Orangensaft

JOGHURT
4 EL griechischer Joghurt
4 EL Doppelrahmfrischkäse
4 TL Akazienhonig
1 Msp. Vanillepulver
1 EL Pistazienkerne, gehackt

ARME RITTER
4 Brötchen, am besten vom Vortag
1 Ei
100 ml Milch
50 g Butter

Für das Kompott: Die Kumquats je nach Größe vierteln oder achteln und die Kerne entfernen. Honig in einem kleinen Topf erhitzen und die Kumquats darin 1 Minute köcheln.

Die Speisestärke in 1 Esslöffel Orangensaft auflösen und dann mit dem restlichen Orangensaft verrühren. Danach die Mischung zu den Kumquats geben und das Kompott 1 Minute bei kleiner Flamme kochen. Anschließend abkühlen lassen.

Für den Joghurt: Alle Zutaten in eine Schüssel geben und gut miteinander verrühren.

Für die armen Ritter: Die Brötchen in fingerdicke Scheiben schneiden. Ei und Milch in einen tiefen Teller geben und verquirlen. Die Brötchenscheiben kurz von beiden Seiten in die Eiermilch tauchen und etwas abtropfen lassen.

Butter in einer Pfanne erhitzen und die Brotscheiben von beiden Seiten goldbraun braten.

Die armen Ritter auf einem Teller anrichten und mit Kumquat-Kompott und Honig-Pistazien-Joghurt servieren.

POWER

POWER-SMOOTHIE
BEERENSTARK GEMIXT

THE POWER
SNAP

*Snap has got the Power, auch noch nach mehr als einem viertel Jahrhundert. Dieser Musikklassiker scheint das ewige Leben zu haben, so oft, wie er nach wie vor gespielt und remixt wird – und du ab jetzt auch. Denn Henriette hat zum Beat den passenden **Power-Smoothie aus Brombeeren, Banane und Vanille** gemixt. Der Song weckt in der richtigen Lautstärke nicht nur Tote am Morgen, er eignet sich auch wunderbar als musikalische Unterstützung für ein kurzes Morgen-Workout.*

ZUTATEN
FÜR 2 SMOOTHIES

1 reife Banane
100 g Brombeeren (frisch oder TK)
50 g Blaubeeren (frisch oder TK)
3 EL Joghurt (1,5 % Fettgehalt)
2 TL Ahornsirup oder Honig
2 EL zarte Haferflocken
100 ml Milch
1 TL Vanilleextrakt

Für den Smoothie: Banane schälen, in Stücke brechen und mit allen anderen Zutaten in einen Mixer geben. So lange pürieren, bis eine gleichmäßige, cremige Masse entstanden ist.

Alternative: Alle Zutaten in ein hohes Gefäß füllen und mit einem Stabmixer pürieren.

Smoothie in Gläser füllen und servieren.

TIPP: Anstatt der Brombeeren eignen sich auch Himbeeren oder Erdbeeren für den Smoothie. Wer mag, kann den Vanilleextrakt auch durch einen Teelöffel geriebenen Ingwer ersetzen. Das gibt einen Extra-Frische-Kick am Morgen.

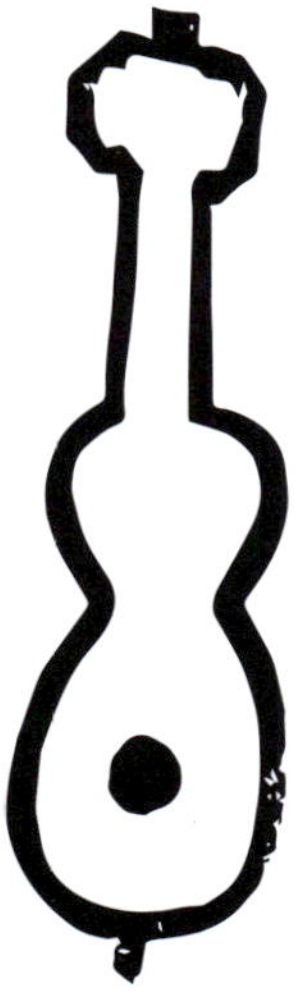

DICED PINEAPPLES
RICK ROSS

ANANASMÜSLI
FRISCHKORN-MIX

Fruchtig-schlüpfrig, aber super gesund geht's weiter mit dem nächsten Kochsong. Und der hat es in sich: Das ***Ananas-Kokos-Bircher-Müsli*** *steckt voller Superfoods, wichtiger Nährstoffe und Geschmack. Dass der »gesundheitsbewusste« Song Udo zu dem Gericht inspiriert hat, liegt nicht nur an der titelgebenden gewürfelten Ananas: Der Komponist bekam nach gesundheitlichen Problemen von seinem Arzt aufgedonnert, sich gesund zu ernähren. Viel Obst also – in diesem Fall Ananas. Und als er eines Morgens beim Genuss ebendieser Frucht seine Herzdame sah, ergab die Ananaskur einen Sinn für ihn: Sie ist es wert, fit zu bleiben! So süß kann also eine Diät sein …*

ZUTATEN
FÜR 1 PERSON

3 EL Getreide, z. B. Hafer, Dinkel, Weizen, Roggen, Gerste
10 EL kaltes Wasser
1 Banane
½ Apfel
80 g Ananas
50 g frische Kokosnuss
20 g geriebene Haselnüsse
25 g Sahne (sonntags)

Zur Vorbereitung: Getreide in der Getreidemühle, im Küchenmixer oder in einer Kaffeemühle grob schroten oder mit einem Flocker zu Getreideflocken pressen. In eine Schüssel geben und mit dem Wasser mindestens 1 Stunde einweichen. Wer es schön weich mag, lässt den Ansatz über Nacht ziehen.

Die Banane schälen und in einer Schüssel mit einer Gabel zerdrücken. Den Apfel entkernen und in kleine Stücke schneiden. Die Ananas schälen und mundgerecht würfeln. Die Kokosnuss reiben oder in Stücke schneiden.

Zum Fertigstellen: Getreide mitsamt Wasser, Apfel und den geriebenen Nüssen unter die Banane rühren. Zum Schluss Ananas und die Kokosraspel untermischen. Müsli wird bei mir sonntags immer mit Schlagsahne serviert: Dazu Sahne nach Geschmack steif schlagen und unterziehen.

TIPP: Am meisten Nähr- und Vitalstoffe enthalten naturbelassene Zutaten, die nicht im Zuge der industriellen Verarbeitung erhitzt worden sind. Also immer möglichst viele »jungfräuliche« Zutaten verwenden. Wer einen Flocker oder eine Getreidemühle besitzt, kann sich die frischesten und gesündesten Flocken selbst herstellen. Eine super-gesunde Basis.

LADY MARMALADE
LABELLE

MANGO-CHILI-MARMELADE

*Keine Sorge, nach dem Genuss dieses einer Prostituierten aus New Orleans gewidmeten Songs gibt's keine unanständigen Sachen zum Frühstück. Die von Labelle eingespielte Version inspirierte Udo allerdings zu einer sündhaft guten **Mango-Chili-Marmelade**. Bei der Kombination wird jeder Bissen vom Frühstücksbrötchen ein bisschen zur exotischen Alltagsflucht. Ganz ohne Ausflüge ins Rotlichtmilieu und absolut familienfrühstückstauglich.*

ZUTATEN
FÜR 10 PORTIONEN

1 mittelgroße reife Mango
½ kleine grüne Chili
50 g Akazienhonig
1 Nelke
1 Sternanis
1 gehäufter TL Speisestärke
1 EL Wasser

Zur Vorbereitung: Die Mango schälen und das Fruchtfleisch in 1 × 1 Zentimeter große Stücke schneiden. Es werden 200 Gramm benötigt. Chili entkernen und fein hacken.

Zum Fertigstellen: Den Akazienhonig in einem kleinen Topf erwärmen. Mangostücke, Nelke und Sternanis hinzugeben. Die Masse zum Kochen bringen und 1 Minute bei kleiner Hitze köcheln lassen.

Speisestärke in einer Tasse mit dem Wasser verrühren und dann zügig unter ständigem Rühren in die Marmelade einlaufen lassen. Zum Schluss die Chili hinzufügen und nochmals mit aufkochen.

Die Marmelade in ein frisch sterilisiertes Schraubglas füllen und abkühlen lassen. Sie hält sich im Kühlschrank 1 bis 2 Wochen.

TIPP: Für eine längere Haltbarkeit außerhalb des Kühlschranks ein sauberes Schraubglas und den Deckel mit kochendem Wasser spülen. Nicht abtrocknen. Die kochend heiße Marmelade in das Glas füllen und sofort verschließen. Zum Abkühlen auf den Kopf stellen. Kühl und dunkel gelagert hält sich die Marmelade etwa 6 Monate.

SCARBOROUGH FAIR
SIMON & GARFUNKEL

ROSMARIN-AUFSTRICH MIT VIEL LIEBE

Simon & Garfunkel zum Frühstück ist immer eine gute Idee. Ihre Version des aus dem Mittelalter überlieferten Volksliedes ganz besonders. Im Lied – es geht um ein gescheitertes Liebespaar, das sich scheinbar unlösbare Aufgaben als Bedingung für einen Neuanfang stellt – stehen die Kräuter für Kraft, Liebe (Rosmarin) und Mut. Udo haben sie zu einem veganen ***Rosmarin-Austernpilz-Brotaufstrich*** *inspiriert. Wenn man den Song zum Rezept hört, versteht man spätestens bei der letzten Strophe, dass es nicht darauf ankommt, alle Aufgaben zu lösen, sondern nur darum, dass man einfach sein Bestes gibt: Ein wunderbares Motto für die Herausforderungen des neuen Tages!*

ZUTATEN
FÜR CA. 10 PORTIONEN

125 g Sonnenblumenkerne
500 ml Wasser + 50 ml
50 g Zwiebeln
4 EL Olivenöl + 50 ml
200 g Austernpilze
Salz und Pfeffer
2 EL Rosmarin, gehackt

Zur Vorbereitung: Sonnenblumenkerne mit 500 Millilitern Wasser in einen Kochtopf geben und 2 Stunden einweichen.

Für den Aufstrich: Sonnenblumenkerne und Wasser zum Kochen bringen und 5 Minuten bei geringer Temperatur kochen. Dann die Kerne in ein Sieb abgießen und gut abtropfen lassen. Abkühlen lassen.

Die Zwiebeln schälen und fein hacken. In einer Pfanne 2 Esslöffel Olivenöl erhitzen und die Zwiebeln darin glasig dünsten. Dann beiseitestellen und abkühlen lassen.

Die Austernpilze mit einem Pinsel oder trockenen Tuch reinigen. Nicht waschen! Die Pilze klein hacken und in einer Pfanne mit 2 Esslöffel Olivenöl braun braten. Mit Salz und Pfeffer würzen und den Rosmarin unterrühren. Ebenfalls kalt werden lassen.

Zum Fertigstellen: Sonnenblumenkerne, Zwiebeln, 1 Teelöffel Salz, 50 Milliliter Wasser und 50 Milliliter Olivenöl in einem Blitzhacker oder mit dem Pürierstab zu einer glatten Creme pürieren. Mit einem Löffel die Austernpilze unter die Masse rühren.

Der Brotaufstrich hält sich im Kühlschrank etwa 1 Woche.

EIN TAG OHNE FRÜHSTÜCK IST WIE EIN KONZERT OHNE VORBAND!

WIE WICHTIG IST FRÜHSTÜCK?

HENRIETTE: Ich brauche morgens ein ordentliches Frühstück, um in die Gänge zu kommen. Nur ein Kaffee wäre mir zu wenig. Von irgendwas muss der Schornstein schließlich rauchen. Ich esse gerne ein großes Omelette mit Käse und Tomaten oder einen leckeren Bagel mit herzhaftem Belag. Es darf aber auch mal was Süßes sein. – Hauptsache es gibt genügend Kraft für den Tag. Wenn es schnell gehen muss, esse ich ein Müsli. Am liebsten mit frischen Beeren, Joghurt und Nüssen.

UDO: Am besten gehts mir mit frischem Obst und Gemüse zum Frühstück. Mit einem Rohkost-Müsli ist man immer auf der richtigen Seite. Viele Vitamine, Enzyme, Ballaststoffe, die uns gut gepowert in den Tag starten lassen. Die richtige Zeit zum Essen sollte jeder selbst wählen. Kein Essen nach der Uhr. Sondern essen, wenn man Hunger hat. Ich esse in der Regel erst spät mein Frühstück und starte gern mit einem Frischkostsalat. Müsli esse ich am liebsten am Abend.

MUSS ES IMMER GESUND SEIN?

UDO: Müssen tut man gar nichts. Ich als Gesundheitsberater würde diese Frage aber so beantworten: Wann immer sich die Gelegenheit bietet, so viel Gesundes wie möglich essen. Es gibt schon genug Situationen, in denen wir freiwillig oder unfreiwillig Junkfood essen. Natürlich darf man manchmal auch sündigen.

HENRIETTE: Eine gesunde und ausgewogene Ernährung ist schon wichtig, allerdings sollte man da auch nicht zu streng mit sich sein. Ich gönne mir gerne mal was und folge keiner strikten Ernährungsphilosophie.

UDO: Eine meiner Lieblingssünden ist es, mein Frischkornmüsli an Sonntagen mit einer Portion Schlagsahne aufzupeppen. Das schmeckt dann wie Torte. Und einmal im Jahr leiste ich mir sogar eine Packung Gummibärchen. Eine Altlast aus Kindestagen. Das lässt sich nicht mehr wegtherapieren. Das sitzt so tief in meinem kulinarischen Gedächtnis, da müsste man die Festplatte komplett erneuern. Beim Sündigen macht auf jeden Fall die Dosis das Gift.

HENRIETTE: Ich leiste mir da schon öfter mal eine sogenannte »Sünde«, da brauche ich dann auch keinen besonderen Anlass für. Wenn ich Lust auf etwas habe, dann esse ich es einfach. Ich bereue meistens eher die Sünden, die ich nicht begangen habe. Das Leben ist zu kurz, um sich Leckereien zu verkneifen, auf die man Appetit hat. Bei einer insgesamt ausgewogenen und gesunden Ernährung ist das auch kein Problem. Und wer bewusst auf sich hört und nicht nur das Essen, sondern schon das Zubereiten genießt, denkt viel mehr darüber nach, was er zu sich nimmt.

UND WAS IST MIT DEN WÜRSTCHEN?

HENRIETTE: Wer Feste gefeiert hat, muss auch feste frühstücken. Außerdem stellt das Katerfrühstück meistens eh mehr eine Form des verspäteten Mittagessens dar. Ich könnte manchmal auch schon eine Pizza zum Frühstück essen.

UDO: In dem Fall können alle Vegetarier auch auf die Veggie-Hotdogs von Seite 50 ausweichen.

BANANA PANCAKES
JACK JOHNSON

BANANA-PANCAKES DE LUXE

Den amerikanischen Frühstücksklassiker »Banana Pancakes« hat Jack Johnson in einem Song verewigt – wir kennen und lieben beide Versionen, die aus der Box und die aus der Pfanne. Das Lied hat Johnson übrigens geschrieben, um seine gut beschäftigte Frau morgens ein bisschen von der Arbeit abzuhalten. Zuckersüß finden wir das. Und so kam Udo auf seine ***Banana-Pancakes-Version mit Honig-Karamell und Pekannuss-Krokant****. Mit denen zum Frühstück schmeckt jeder Morgen wie ein herrlich fauler Sonntagvormittag im Bett.*

ZUTATEN
FÜR 10 PANCAKES

KARAMELLSAUCE
50 g Akazienhonig
10 g kalte Butter
100 g Sahne
1 Msp. Vanillepulver
1 Prise Salz

KROKANT
50 g Pekannüsse
25 g Akazienhonig
1 Prise Salz

PANCAKES
200 g Dinkel-Vollkornmehl
1 TL Backpulver
2 Msp. Vanillepulver
1 Prise Salz
200 ml Milch
1 Ei
100 g Akazienhonig
2 Bananen
Pflanzenöl zum Braten

Backpapier

Für das Karamell: Akazienhonig in einer kleinen Pfanne erhitzen und unter ständigem Rühren mittelbraun werden lassen. Dann zügig die kalte Butter unterrühren. Mit Sahne ablöschen. Vanille und Salz hinzufügen und die Sauce 1 Minute auf kleiner Flamme köcheln. Abkühlen lassen. Eventuell noch etwas Sahne zum Verdünnen unterrühren. Hält sich im Kühlschrank mindestens 1 Woche.

Für das Krokant: Die Pekannüsse grob hacken. Akazienhonig in einer kleinen Pfanne erhitzen und unter ständigem Rühren mittelbraun werden lassen. Die Nüsse dazugeben und kurz im Honig schwenken. Salzen. Die Masse dann auf Backpapier glatt streichen. Kalt werden lassen und mit einem Messer grob hacken.

Für die Pancakes: Den Backofen auf 50 °C Ober-/Unterhitze vorheizen und einen ofenfesten Teller hineinstellen.

Mehl, Backpulver, Vanille und Salz in einer Schüssel gut vermischen. Milch, Ei und Honig dazugeben. Kurz und kräftig mit einem Schneebesen verrühren. Die Bananen schälen und in circa 0,5 Zentimeter dicke Scheiben schneiden.

Etwas Pflanzenöl in einer Pfanne erhitzen und 2 Esslöffel Teig pro Pancake hineingeben. Auf die Teigoberfläche 4 Scheiben Bananen legen. Wenn der Teig anfängt Blasen zu werfen, wenden und die zweite Seite ebenfalls goldbraun ausbacken. Die fertigen Pancakes im Ofen warm halten.

Zum Servieren nochmals 4 Scheiben Bananen und etwas Karamellsauce auf jeden Pancake geben. Pekannuss-Salz-Krokant darüberstreuen.

TIPP: Besonders beeindruckend sind Pancakes natürlich wie auf dem Foto als Stapel.

CHORIZO-FRITTATA FÜR NACHTEULEN

EGGS & SAUSAGES
TOM WAITS

In Tom Waits' Song »Eggs & Sausages« vom Album Nighthawks at the Diner (Nachteulen im Café) suchen einsame Wölfe Trost und Halt im Café, wo sich die Konversation auf ein vertrautes und stereotypes »eggs, sausages and a side of toast« beschränkt.
Henriette findet, dass das die perfekte musikalische Aufbaukur für Morgenmuffel und verschlafene Nachteulen ist. Oder habt ihr schon mal einen richtigen Grummel mit Pfannkuchen und Nana Mouskouris »Guten Morgen, Sonnenschein« zum Strahlen gebracht? Nein. Da braucht es schon Eier mit Würstchen, deftig serviert in Form einer ***Frittata mit Chorizo, Fenchel und getrockneten Aprikosen****. Und dazu eine vertraute Stimme, rau, verwaschen und ehrlich … Tom Waits eben.*

**ZUTATEN
FÜR 4 PERSONEN**

400 g gekochte Pellkartoffeln, am besten vom Vortag
250 g Fenchel
2 mittelgroße Frühlingszwiebeln
200 g Chorizo zum Braten
100 g getrocknete Aprikosen (möglichst weiche Sorte)
6 Eier
Salz und schwarzer Pfeffer
2 EL Olivenöl

Ofenfeste Pfanne ca. 26 cm Ø

Zur Vorbereitung: Die Kartoffeln schälen und 2 bis 3 Zentimeter groß würfeln. Den Fenchel vom Strunk befreien, vierteln und in 1 Zentimeter dicke Scheiben schneiden. Die Frühlingszwiebeln in 0,5 Zentimeter dicke Ringe schneiden. Ein Esslöffel der Frühlingszwiebeln zum Garnieren beiseitelegen. Die Chorizo vom Darm befreien und in 1 Zentimeter dicke Scheiben schneiden. Die Aprikosen 1 Zentimeter groß würfeln.

Die Eier in einer Schüssel mit einer Gabel verquirlen. Leicht salzen und pfeffern. Den Ofen auf 180 °C Umluft vorheizen.

Zum Fertigstellen: Das Olivenöl in der ofenfesten Pfanne erhitzen und die Chorizo 1 bis 2 Minuten bei starker Hitze knusprig anbraten. Dann den Fenchel hinzugeben und noch 2 Minuten weiterbraten.

Den Herd ausstellen und die Frühlingszwiebeln, Kartoffeln und Aprikosen in die Pfanne geben. Alles gut vermengen und anschließend die Eier darüber gießen. Dann die Pfanne leicht schütteln, damit sich die Eimasse gut verteilt.

Die Pfanne auf die mittlere Schiene in den Backofen stellen und die Frittata 25 bis 30 Minuten backen.

Zum Servieren: Die Frittata in Tortenstücke schneiden und mit den beiseitegelegten Frühlingszwiebeln bestreuen.

TIPP: Gut schmeckt dazu ein grüner Salat. In Würfel geschnitten und mit einem Zahnstocher aufgespießt, ist die Frittata auch ein toller Party- und Fingerfood-Snack.

HANGOVER
TAIO CRUZ

CHEDDAR-KATERSCONES

Wer hatte das nicht schon mal: Am Sonntagmorgen nach der Party das böse Erwachen nach einer langen Partynacht. Was mir immer hilft? Der Hit »Hangover« von Taio Cruz und ein ordentliches Katerfrühstück. Wer heftig gefeiert hat, kommt morgens am allerbesten in Schwung und wieder zurück auf den Pfad der ernährungstechnischen Tugend mit deftigen Küchenexperimenten: ***Cheddarscones mit gebratenem Gemüse, Zitronenmayonnaise und Roastbeef****. Eins ist sicher: Nach dem Genuss dieser Köstlichkeiten ist man bald schon wieder fit für die nächste Party.*

ZUTATEN FÜR 12 STÜCK

SCONES

2 mittelgroße Frühlingszwiebeln, ca. 50 g
100 g reifer Cheddar
250 g Mehl
1 gestrichener TL Backpulver
1 Msp. edelsüßes Paprikapulver
je 2 Msp. Salz und schwarzer Pfeffer
70 g kalte Butter, gewürfelt
150 ml Milch

GEMÜSE

100 g Rote Bete
100 g Zucchini
100 g weißer Spargel
100 g Möhren
4 EL Olivenöl
Salz, Pfeffer

MAYONNAISE

4–5 EL Mayonnaise
2–3 Spritzer Zitronensaft
Abrieb von ½ Bio-Zitrone

AUSSERDEM

12 kleine Scheiben Roastbeef
nach Wunsch 6 EL Frühlingszwiebelröllchen

Ausstecher oder Glas mit ca. 7 cm Durchmesser, Backblech mit Backpapier

Für die Scones: Den Backofen auf 200 °C Umluft vorheizen. Die Frühlingszwiebeln in feine Ringe schneiden. Den Käse reiben.

Das Mehl mit Backpulver, Paprikapulver, Pfeffer und Salz in einer Schüssel vermengen. Die Butterwürfel mit den Fingern rasch mit dem Mehl zu einem krümeligen Teig verarbeiten.

Die Frühlingszwiebeln und den Käse unter den Teig mischen. Dann die Milch dazugeben. Alles nur so lange kneten, bis der Teig glatt geworden ist.

Den Teig auf einer bemehlten Arbeitsfläche 1,5 Zentimeter dick ausrollen und Kreise ausstechen. Diese auf einem Backblech mit Backpapier 12 bis 15 Minuten goldgelb backen. Auf dem Blech auskühlen lassen.

Für das Gemüse: Die Rote Bete waschen und abtrocknen. Die Wurzel und den Stielansatz abschneiden. Die Bete mit Schale in hauchdünne Scheiben schneiden.

Die Zucchini längs in etwa 0,5 Zentimeter dicke Scheiben schneiden. Anschließend halbieren. Den Spargel schälen, halbieren und jedes Stück längs in 4 Streifen schneiden. Die Möhren waschen und abtrocknen. Mit Schale längs in 0,5 Zentimeter dicke Streifen schneiden. Das Gemüse in einer Pfanne mit Olivenöl in 3 bis 5 Minuten bissfest braten. Salzen und pfeffern.

Weitere Zubereitung: Alle Zutaten für die Mayonnaise mischen. Die Scones halbieren und die unteren Hälften mit etwas Mayonnaise bestreichen. Mit Roastbeef und Gemüse belegen, auf Wunsch mit etwas Frühlingszwiebelröllchen bestreuen. Zuklappen und den Kater verspeisen.

EGG MAN
BEASTIE BOYS

TIERISCH GUTE FRÜHSTÜCKSEIER

Die Beastie Boys und die Eier gehören in Insiderkreisen genauso zusammen wie Eier und Frühstück. Sie widmeten den Eiern und ihrer liebsten Einsatzmöglichkeit gleich zwei Songs. Die ***pochierten Eier in Tomatensauce****, die Henriette dem Song widmete, erinnern nicht nur optisch an die Eierattacken der Beastie Boys. In Verbindung mit Tomatensoße und dem unwiderstehlichen Beat der Band sind Eier, die Symbole des Lebens, die perfekte und absolut ungefährliche Waffe gegen Morgenmüdigkeit oder Katerstimmung.*

ZUTATEN
FÜR 4–6 PERSONEN

1 mittelgroße Zwiebel
2–3 Knoblauchzehen
3 EL Olivenöl
1 EL Tomatenmark
800 g stückige Tomaten aus der Dose
3 EL mildes Ajvar (Paprikapaste)
1 TL Zucker
1 Msp. Zimt
1 TL Kreuzkümmel
½ TL mildes Paprikapulver
¼ TL Chilipulver
½ TL Korianderpulver
Salz und schwarzer Pfeffer
6 Eier
1 Frühlingszwiebel, in feinen Ringen
3–4 TL Petersilie oder Koriander, gehackt

Für die Sauce: Die Zwiebel schälen und fein würfeln. Den Knoblauch schälen und sehr fein hacken. Das Öl in einer Pfanne erhitzen und beides darin glasig dünsten. Das Tomatenmark hinzugeben und etwa 1 Minute mit anbraten. Die Dosentomaten, Ajvar, Zucker und die Gewürze mit in die Pfanne geben und die Sauce abgedeckt etwa 20 Minuten köcheln lassen.

Für die Eier: Mit einem Löffel in die Sauce 6 Mulden drücken. Die Eier aufschlagen und vorsichtig jeweils 1 Ei in 1 Mulde gleiten lassen. Den Deckel wieder auf die Pfanne geben und die Eier 12 bis 14 Minuten bei niedriger Hitze stocken lassen. So werden sie wachsweich. Wenn die Eier härter oder weicher sein sollen, dementsprechend die Garzeit verringern oder erhöhen.

Zum Servieren mit Frühlingszwiebeln und Kräutern bestreuen.

KÜCHENHITS VOL. 2

TO-GO-TOUR

AWARDVERDÄCHTIGE REZEPTE FÜR UNTERWEGS, DIE MUSIKALISCH IN DIE BEINE GEHEN UND KULINARISCHEN SCHWUNG IN DIE MITTAGSPAUSE BRINGEN

CHICKENBAGEL A LA MATTO

KNOW YOUR CHICKEN
CIBO MATTO

Ein Mann, eine Frau, ein Huhn. Was kommt dabei heraus? Wenn Henriette den Song in der Küche hört, keine bunten Babys, sondern ein farbenfroher ***Bagel mit Pulled-Chicken-Salat, Datteln und Rucola****. Frisch, fruchtig und frech wie Sound und Text des interpretatorisch rätselhaften, aber definitiv die Mittagspause beschwingenden Songs der beiden japanischstämmigen New Yorkerinnen. Die würzen ihre sich vornehmlich um Essen drehenden Texte mit allerhand Subtexten. Macht definitiv Lust auf mehr!*

ZUTATEN
FÜR 4 BAGELS

FLEISCH
600 g Hähnchenbrust
1 l Wasser
2 TL gekörnte Hühner- oder Gemüsebrühe

SALAT
150 g Staudensellerie
8–10 getrocknete Datteln, ohne Stein, ca. 80 g
120 g Doppelrahmfrischkäse
Schalenabrieb von ¼ Bio-Zitrone
2 TL Zitronensaft
¼ TL Zucker
2 EL Mayonnaise
1 TL grober Dijonsenf

AUSSERDEM
4 Bagels nach Geschmack, z. B. Mehrkorn oder Sesam
1 kleine rote Zwiebel
50 g Rucola-Salat

Für das Fleisch: Die Hähnchenbrust von Sehnen und Fett befreien. Wasser in einen Topf geben, erwärmen und die Brühe darin auflösen. Die Hähnchenbrust hineingeben (sie muss ganz mit Flüssigkeit bedeckt sein) und 12 bis 15 Minuten leicht simmernd garen. Die Flüssigkeit darf nicht kochen.

Das Fleisch dann aus der Brühe nehmen und abkühlen lassen. Mit einer Gabel oder den Fingern in Fasern zerrupfen.

Für den Salat: Den Sellerie und die Datteln in 0,5 Zentimeter dünne Scheiben schneiden. Den Frischkäse in einer Schüssel mit allen weiteren Zutaten gut vermengen. Dann die Datteln, den Sellerie und das Hähnchenfleisch unterrühren.

Zum Fertigstellen: Die Bagels aufschneiden und gegebenenfalls toasten. Die Zwiebel schälen und in sehr feine Scheiben schneiden, den Rucola putzen und grobe Stängel entfernen.

Etwas Rucola und Hähnchen-Salat auf die Unterseite des Bagels geben, mit Rucola sowie Zwiebeln belegen und Bageloberseite darauflegen.

PINKE SUPPE KALT GERÜHRT

PINK SOUP
VODKA COLLINS

Henriette bekam bei dem zugegebenermaßen leicht »pikanten« Song der japanisch-amerikanischen Glamrock-Band Lust auf die eher unschuldige, aber ebenso verführerische ***kalte Rote-Bete-Joghurt-Suppe mit Räucherforelle und Dill****. Die kann man im Weckglas für den kleinen Hunger zwischendurch auch mit ins Büro nehmen. Du wirst sie essen und den Löffel ablecken, bis nichts mehr übrig ist!*

ZUTATEN
FÜR 4 PERSONEN

SUPPE

300 g Salatgurke
500 g vorgegarte Rote Bete
25 g Frühlingszwiebeln
300 g Joghurt (10 % Fett)
1 EL Weißweinessig
1 TL Tafelmeerrettich aus dem Glas
2 EL Dill, gehackt
Salz und schwarzer Pfeffer

TOPPING

125 g geräucherte Forelle
4 EL Dill, Sprossen oder Kresse nach Wunsch, z. B. Rote-Bete-, Alfalfa-Sprossen, japanische oder Gartenkresse

Für die Suppe: Die Gurke schälen, halbieren und die Kerne mit einem Löffel herauskratzen.

150 Gramm der Roten Beten in circa 1 × 1 Zentimeter große Würfel schneiden und beiseitestellen. Die restlichen Roten Beten und die Gurke grob klein schneiden. Beides in einen Mixer geben und fein pürieren. Alternativ einen Stabmixer verwenden.

Die Frühlingszwiebeln in sehr feine Ringe schneiden. Die Bete-Gurken-Mischung in eine Schüssel geben und Joghurt, Frühlingszwiebel, Essig, Meerrettich und Dill hinzugeben. Alles gut mit einem Schneebesen verrühren. Die kalte Suppe mit Salz und Pfeffer abschmecken. Zum Schluss die Rote-Bete-Würfel untermischen. Die Suppe 2 Stunden kalt stellen.

Zum Fertigstellen: Die Forelle in kleine, mundgerechte Stücke schneiden. Die Suppe in Schälchen füllen. Dill, Kresse oder Sprossen auf die Suppe streuen, dann Forelle obenauf setzen.

TIPP: Die Suppe lässt sich nicht nur super ins Büro mitnehmen. Mit einem Gläschen eisgekühltem Wodka dazu serviert, wird sie Partytauglich.

THE COFFEE SONG
FRANK SINATRA

FELDSALAT BRASILIAN STYLE

*Der **Feldsalat mit Kaffee-Balsamico-Dressing, Schwarzwurzeln und Birne** duftet wie eine Kaffeebar in Brasilien. Geheimnisvoll, dunkel und cremig. Frank Sinatra – amerikanischer Sänger, Schauspieler und Entertainer – singt in diesem 1946 publizierten Song vom Kaffeeüberfluss in Brasilien. Und dass es einem dort bei einem Date durchaus passieren kann, auf ein brasilianisches Mädchen zu treffen, das wie eine Kaffeemaschine duftet. Wow! Traumfrau? Udos Salat ist auf jeden Fall ein Traum für Kaffeeliebhaber!*

ZUTATEN
FÜR 4 GROSSE PORTIONEN

DRESSING
20 g Kaffeebohnen
50 ml Balsamicoessig
1 Eigelb
1 TL Akazienhonig
1 gestrichener TL Senf
1 gestrichener TL Salz
Pfeffer
170 ml Olivenöl
50 ml Gemüsefond

SALAT
200 g Schwarzwurzeln
Öl zum Anbraten
Salz, Pfeffer
1 süße Birne
200 g Feldsalat
30 g Alfalfa-Sprossen

Zur Vorbereitung: Kaffeebohnen und Balsamicoessig in ein Glas mit Deckel geben. Das Glas verschließen und mindestens 2 Tage ziehen lassen.

Für das Dressing: Die in Essig eingelegten Kaffeebohnen durch ein Sieb abgießen, dabei den Essig auffangen.

In einer Schüssel Eigelb, Kaffeeessig, Honig, Senf, Salz und Pfeffer mit einem Schneebesen cremig aufschlagen. Dann unter ständigem Weiterschlagen langsam das Olivenöl einlaufen lassen. Zum Schluss den kalten Gemüsefond unterrühren.

Für den Salat: Die Schwarzwurzeln schälen und in 1 Zentimeter kleine schräge Stücke schneiden. Öl in einer Pfanne erhitzen und Schwarzwurzeln darin goldbraun braten. Salzen und pfeffern. Lauwarm abkühlen lassen.

Das Kerngehäuse der Birne entfernen und das Fruchtfleisch mit Schale in dünne Spalten schneiden.

Feldsalat mit Schwarzwurzeln und Birnen in einer Salatschale anrichten und mit der Kaffee-Balsamico-Creme überziehen. Mit Sprossen garniert servieren.

TIPP: Die Schwarzwurzeln können auch roh und sogar mit Schale verzehrt werden.

SWEET POTATO PIE
RAY CHARLES

SÜSSKARTOFFEL-SOULFOOD-TARTELETTES

Waschechtes Soulfood für die Mittagspause hat Henriette im Rhythmus von Ray Charles' Version von »Sweet Potato Pie« gebacken: Mit den ***Süßkartoffel-Tartelettes mit Gorgonzola, roten Zwiebeln und Shiso-Kresse*** *in der Hand ist das Glück auf deiner Seite. Und mit Ray Charles Song über die von der Liebsten gebackenen Pies auch im Ohr! Oh Lord, ich fühl mich einfach gut heute!*

ZUTATEN FÜR 12 TARTELETTES

TEIG

150 g weiche Butter
250 g Weizenmehl
1 Ei
¼ TL Salz

BELAG

500 g Süßkartoffeln
2 rote Zwiebeln
1–2 Knoblauchzehen
2 EL Olivenöl
80 ml trockener Weißwein
2 TL Thymian, gehackt
¼ TL Chiliflocken
2 Msp. Muskatnuss, gemahlen
2 Eier
200 g Schmand
Salz und schwarzer Pfeffer
100 g Gorgonzola
Mehl für die Arbeitsfläche
1 Beet Shiso-Kresse (alternativ Daikon- oder Gartenkresse)

Klarsichtfolie, 12 Tarteletteförmchen, gefettet
runder Ausstecher oder Glas mit 10–11 cm Durchmesser

Für den Teig: Butter, Mehl, Ei und Salz in einer Schüssel gut vermengen. Dann mit den Händen zu einer glatten Masse kneten. In Frischhaltefolie gewickelt 1 Stunde kühlen.

Für den Belag: Die Süßkartoffeln schälen und etwa 1 Zentimeter groß würfeln. Die Zwiebeln schälen und klein würfeln. Den Knoblauch schälen und fein hacken.

Die Zwiebeln in einer Pfanne mit Olivenöl circa 2 Minuten glasig andünsten. Dann die Süßkartoffeln hinzugeben und diese 2 bis 3 Minuten anbraten. Knoblauch hinzugeben und alles 1 Minute weiterbraten. Mit Weißwein ablöschen und die Hitze reduzieren. 5 Minuten weitergaren, bis die Flüssigkeit verdampft ist. Den Herd ausschalten, Thymian, Chiliflocken und Muskat einrühren. Lauwarm abkühlen lassen.

Währenddessen die Eier in einer Schüssel verquirlen und mit dem Schmand vermengen. Mit Salz und Pfeffer würzen. Gorgonzola in kleine Würfel schneiden.

Zum Fertigstellen: Den Ofen auf 180 °C Umluft vorheizen. Den Teig auf einer bemehlten Arbeitsfläche circa 3 Millimeter dick ausrollen. 12 Kreise ausstechen. Diese in die Tarteletteförmchen drücken.

Die Eier-Schmand-Masse gut mit der Süßkartoffel-Mischung vermengen. Die Füllung mit einem Löffel in die Teigmulden füllen und den Gorgonzola darauf verteilen. Die Tartelettes auf der mittleren Schiene des Ofens 25 bis 30 Minuten backen. Aus den Förmchen nehmen und vor dem Servieren mit Kresse bestreuen. Sie schmecken warm und kalt.

ICH ESS' BLUMEN
DIE ÄRZTE

ÄRZTLICH GEPRÜFTER GESUNDER SALAT

Bereits 1988, lange bevor der Fleischverzicht seinen großen Durchbruch hatte, aßen die Ärzte schon gerne Blumen. Auch wenn der Song nicht ganz ernst gemeint ist: Udo hat ihre musikalische Anleitung zur ernährungstechnischen Glückseligkeit einfach mal nachgekocht. ***Mit Quinoa-Salat mit Spargel und Honigmelone*** *statt 'nem dicken fetten Schinken in der Lunchbox lebst auch du ab heute gesund. Hallelujah!*

ZUTATEN
FÜR 4 KLEINE PORTIONEN

QUINOA
125 g Quinoa
250 ml Wasser
2 EL Olivenöl
Salz

DRESSING
30 g getrocknete Tomaten
3 EL Wasser
50 g Zwiebeln

EINLAGE
6 Stangen grüner Spargel
30 g Pinienkerne
1 TL Olivenöl
Salz
200 g Honigmelone
½ Bund asiatisches Basilikum
essbare Blüten, z. B. Stiefmütterchen, Gänseblümchen, Ringelblumen, Borretsch, Chrysanthemen

Für die Quinoa: Quinoa in ein Sieb geben, mit kaltem Wasser spülen und im Sieb abtropfen lassen. Dann mit 250 Milliliter Wasser, 2 Esslöffel Olivenöl und 1 gestrichenen Teelöffel Salz in einen Topf geben und zum Kochen bringen. Deckel aufsetzen und Quinoa bei kleinster Temperatur 15 bis 20 Minuten kochen. Danach in eine Schüssel geben, auflockern und auskühlen lassen.

Für das Dressing: Die getrockneten Tomaten in feine Streifen schneiden und in eine Tasse geben. Mit 3 Esslöffel heißem Wasser übergießen und 30 Minuten einweichen.

Inzwischen die Zwiebeln schälen, klein schneiden und in einer Pfanne mit 1 Esslöffel Olivenöl glasig dünsten. Tomatenstreifen und Einweichwasser hinzugeben und abkühlen lassen.

Für die Einlage: Das untere Drittel der Spargelstangen schälen. Spargel in 3 Zentimeter große Stücke schneiden und in einem Topf mit Salzwasser al dente kochen. Abtropfen lassen.

Die Pinienkerne in einer kleinen Pfanne mit 1 Teelöffel Olivenöl rösten und leicht salzen.

Die Honigmelone entkernen, das Fruchtfleisch in haselnussgroße Stücke schneiden. Basilikumblätter abzupfen.

Zum Fertigstellen: Quinoa in eine große Salatschüssel geben. Zwiebel-Tomaten-Sud, Spargel, Pinienkerne, Honigmelone und Basilikumblätter untermischen. Mit essbaren Blüten garnieren.

Backstage
Catering

GAZPACHO À LA WATERMELON MAN

WATERMELON MAN
HERBIE HANCOCK

Auf die weltberühmte Jazz-Melodie von 1962 bekam Hancock angeblich schon während seiner Jugend inmitten der Straßen von Chicago Appetit: Sie imitiert den Ruf eines Wassermelonenverkäufers. Kein Wunder, dass dieser Ruf Appetit auf eine fruchtige ***Gazpacho mit Wassermelone und Knoblauchciabatta*** *macht. Ob in der Mittagspause oder zur Hitzebekämpfung zwischen zwei Sonnenbädern: Mit Hancock in den Ohren und Udos Gazpacho auf den Lippen gechillt ein paar Minuten in die Straßen Chicagos abtauchen.*

ZUTATEN
FÜR 4–6 PORTIONEN

SUPPE

1½ kg vollreife Sommertomaten (ersatzweise gehackte Tomaten aus der Dose)
1 rote Paprika
½ Salatgurke
1 kleine rote Zwiebel
1 Knoblauchzehe
1 Bird-Eye-Chili
1 TL Honig
1 EL Weißweinessig
100 ml Olivenöl
Salz
1 Bund Basilikum
300 g Wassermelone oder Honigmelone

CIABATTA

1 Ciabatta
1 Knoblauchzehe
Olivenöl zum Anbraten

Für die Gazpacho: Stielansatz von den Tomaten entfernen und das Fruchtfleisch in kleine Stücke schneiden. Bei der Paprika das Kerngehäuse und bei der Gurke die Kerne entfernen und von beiden das Fruchtfleisch klein würfeln. Zwiebel und Knoblauch schälen und klein schneiden. Chili entkernen und fein hacken.

Tomaten, Paprika, Gurke, Zwiebel, Knoblauchzehe, Chili, Honig, Essig und Olivenöl in einen Mixer geben und fein pürieren. Mit Salz und Essig abschmecken. Die Suppe 3 Stunden im Kühlschrank kühlen.

Vor dem Servieren: Die Basilikumblätter klein zupfen. Das Fruchtfleisch der Melone in Stücke schneiden oder mit einem Kugelausstecher Kugeln daraus ausstechen. Die Gazpacho mit Basilikum und Melone anrichten.

Für das Ciabatta: Das Brot in Scheiben schneiden. Knoblauch schälen, halbieren, mit etwas Olivenöl in eine Pfanne geben und leicht erhitzen. Die Ciabattascheiben darin auf kleiner Flamme von beiden Seiten goldbraun und knusprig rösten und dann warm zur Suppe reichen.

GREEN-ONION-MUFFINS

GREEN ONION
BOOKER T. & THE MGS

Warum der mittlerweile unsterbliche Instrumentalsong, der 1962 ein bisschen aus Langeweile in nur 30 Minuten während einer Zwangs-Wartepause auf Billy Lee Riley geschrieben wurde, »Green Onions« heißt? Angeblich, weil der Komponist ihn nicht leiden konnte und gar nicht so begeistert war von der Idee, den Song auf die B-Seite von »Behave yourself« zu packen. Also taufte er das ungeliebte Stiefkind nach etwas, was er absolut nicht mochte: Frühlingszwiebeln. Der Song schlug aber ein wie eine Bombe und landete schließlich auf der A-Seite. Grund genug für Henriette, den Frühlingszwiebeln mit den herzhaften ***Frühlingszwiebelmuffins mit Räucherlachs und Meerrettich-Dill-Topping*** *ein eigenes schnelles Pausenrezept zu widmen.*

ZUTATEN FÜR 12 MUFFINS

MUFFINS
200 g Räucherlachs
3–4 mittelgroße Frühlingszwiebeln
3 Eier
100 g weiche Butter
200 g Schmand
30 ml Olivenöl
Schalenabrieb von ½ Bio-Zitrone
2 Msp. süßes Paprikapulver
¼ TL Salz
¼ TL schwarzer Pfeffer
300 g Mehl
½ Päckchen Backpulver

TOPPING
300 g Doppelrahmfrischkäse
2 TL Tafelmeerrettich aus dem Glas
1 EL Milch
1 gehäufter EL Dill, gehackt
einige Dillspitzen und etwas Räucherlachs zum Garnieren

Muffinform mit 12 Mulden, mit 12 Muffin-Papierförmchen ausgelegt

Zur Vorbereitung: Den Lachs in 1 bis 2 Zentimeter große Stücke schneiden. Die Frühlingszwiebeln in feine Ringe schneiden. Den Ofen auf 180 °C Umluft vorheizen.

Für die Muffins: Die Eier in einer Schüssel 1 bis 2 Minuten mit einem Rührgerät schaumig schlagen, dann die Butter hinzugeben und 1 Minute mit verquirlen. Nun den Schmand, das Olivenöl, die Zitronenschale, Paprikapulver, Salz und Pfeffer unterrühren.

In einer zweiten Schüssel das Mehl mit dem Backpulver vermischen. Das Mehl unter die Eier-Schmand-Mischung rühren. Nun Lachs und Frühlingszwiebeln mit einem Löffel unterheben.

Die Masse mit einem Löffel in die Papierförmchen geben. Die Muffins auf der mittleren Schiene 20 bis 25 Minuten backen.

Für das Topping: Alle Zutaten in einer Schüssel vermengen. Das Topping mit einer Spritztülle oder einem Löffel dekorativ auf den abgekühlten Muffins verteilen und mit Lachs und Dillspitzen garnieren.

HOT DOG
LED ZEPPELIN

VEGGIE-HOTDOG CROSS OVER STYLE

Die Band komponierte 1979 diesen fröhlich klingenden Song im Rockabilly-Stil als Tribut an Texas. Um Hotdogs geht es im Song nicht: Der steht als uramerikanisches Gericht für das texanische Lebensgefühl. Besungen wird angeblich auch eine verlorene Liebe, die den Komponisten wohl aus Unzufriedenheit verlassen haben soll. Sie hatte einfach Größeres im Sinn. Wer also ein großes bisschen American Way of Life mit einer ordentlichen Prise »weiter Welt« in der Mittagspause kosten möchte, um aus der Enge des Büros auszubrechen, sollte in Udos ***vegetarischen Hotdog mit Kimchi und Shiitakeremoulade*** *beißen und sich Led Zeppelins Hotdog in die Ohren stöpseln.*

ZUTATEN FÜR 4 PERSONEN

KIMCHI
- 200 g Chinakohl
- 1 EL Salz
- ½ Möhre
- ½ Frühlingszwiebel
- 1 daumengroßes Stück Ingwer
- 1 EL Sojasauce
- 1 TL Akazienhonig
- 1 EL koreanische Chiliflocken (Gochugaru)

REMOULADE
- 50 g Shiitakepilze
- 1 EL Sonnenblumenöl
- 3 Stängel Koriander, gehackt
- 150 g Mayonnaise

HOTDOGS
- 1 EL Sesam
- 4 vegetarische Würstchen
- Öl zum Anbraten
- 4 Hotdog-Brötchen

Für das Kimchi: Den Chinakohl in 2 × 2 Zentimeter große Stücke schneiden und in einer Schüssel mit dem Salz vermengen. 1 Stunde ziehen lassen. Danach in ein Sieb geben, mit kaltem Wasser gut abwaschen und leicht ausdrücken.

Die Möhre schälen und streichholzgroß stifteln. Frühlingszwiebel in feine Ringe schneiden. Ingwer mit Schale reiben. Sojasauce und Honig miteinander verrühren.

Möhre, Frühlingszwiebel, Ingwer, Chiliflocken und Honig-Sojasauce zum Kohl geben und alles mit Handschuhen gut vermischen. Danach in ein Glas füllen, sodass dieses bis zum Rand gefüllt ist. Mit einem Deckel verschließen.

Kimchi 3 Tage bei Zimmertemperatur (20 °C) lagern. Dabei entstehen milchsaure Bakterien, die das Kimchi haltbar machen. Danach im Kühlschrank aufbewahren.

Für die Remoulade: Die Shiitakepilze putzen und in dünne Scheiben schneiden. In einer kleinen Pfanne mit heißem Sonnenblumenöl etwa 1 Minute schwenken. Abkühlen lassen und mit dem Koriander unter die Mayonnaise rühren.

Zum Fertigstellen: Sesam in einer Pfanne ohne Fett goldbraun rösten. Die Veggiewürstchen in einer Pfanne mit Öl anbraten.

Die Hotdog-Brötchen längs bis zur Mitte aufschneiden. Mit der Remoulade bestreichen. Je 1 Würstchen und etwas Kimchi hineingeben. Mit Sesam bestreuen.

TIPP: Das Kimchi kann auch sofort frisch verzehrt werden, es schmeckt aber aromatischer, wenn es ein paar Tage durchgezogen ist. Im Kühlschrank hält es sich ungefähr einen Monat.

SELBST GEMACHT: MITTAGS SPIELT DIE MUSIK AB HEUTE NICHT MEHR IN DER KANTINE!

WAS WÜRDET IHR DENN KULINARISCHES AUF TOUR EMPFEHLEN? OFT SOLL DAS JA ZIEMLICH UNGESUND SEIN.

UDO: Unterwegs ungesund essen, das war gestern. Bei mir gibt es rockiges Vollwert-Food. Im Sommer liebe ich kalte Suppen im Glas, wie die Melonen-Gazpacho von Seite 47 oder die pinke Bete-Joghurt-Suppe von Seite 39, für mich als Vegetarier natürlich ohne Fisch. Und Hotdog geht heutzutage auch lecker vegetarisch im Vollkornbrötchen (Seite 50). Das zelebrieren mittlerweile auch viele Stars wie Madonna oder Lenny Kravitz.

HENRIETTE: Ich liebe ja meine Pulled-Chicken-Bagels von Seite 37. Die sind deftig, aber nicht allzu schwer. Man kann die Bagels auch super mit zur Arbeit nehmen. Den Salat bereitet man schon am Abend vorher zu und kann dann morgens noch ein bisschen länger im Bett liegen bleiben.

UDO: Genau, so viel Arbeit macht es nicht, auch außer Haus richtig gut zu essen. Clever vorplanen ist das Zauberwort. Das Geheimnis einer guten Tour besteht ja auch darin, dass sie gut organisiert wurde.

MAL EHRLICH: SEID IHR DENN AUCH SO ANSPRUCHSVOLL, WIE MAN ES VON MANCHEN KÜCHEN-ROCKSTARS SO HÖRT?

UDO: Ja. Ich bin wirklich sehr wählerisch. Mein Körper ist mein Tempel. Deshalb immer maßvoll das Leckerste vom Besten. Und wenn ich ehrlich bin: Manchmal esse ich zwischendurch auch mal gerne Blumen (Seite 44). Als Rockstar hätte ich bestimmt für mein Catering eine zehnseitige Sonderwunschliste angegeben.

UND DU, HENRIETTE, WÜRDEST DU DICH ALS DIVA BEZEICHNEN?

HENRIETTE: Auf gar keinen Fall. Ich habe natürlich gewisse Ansprüche an mein Essen. Aber das heißt nicht, dass ich etepetete bin oder immer eine Extrawurst brauche.

WAS IST EUCH BEIM ESSEN UNTERWEGS BESONDERS WICHTIG?

HENRIETTE: Es muss einfach und unkompliziert sein, aber bitte kein billiges Fastfood oder Fertigfutter. Ich genieße mein Essen außerdem gerne und schlinge daher ungern etwas im Gehen rein.

UDO: Ich versuche richtige Essenspausen einzulegen. Unsere Bauchspeicheldrüse braucht zwischendurch auch mal eine Ruhephase. Nicht den ganzen Tag rumfuttern. Drei feste Mahlzeiten reichen mir. Mir schmeckt es außerdem am besten, wenn ich richtig Hunger habe. Und um richtig Hunger zu bekommen, sollte man drei bis vier Stunden Pausen zwischen den Mahlzeiten einlegen.

WIR SIND FÜR MEHR RHYTHMUS IN DER LUNCHBOX!

KÜCHENHITS VOL. 3

DINNER-TOUR

DIE VIELSEITIGE PLAYLIST MIT GESCHMACK FÜR DEN PERFEKTEN GENUSS AM ABEND

ERBSEN-BOUILLON CHILL-OUT-STYLE

PEA
RED HOT CHILI PEPPERS

Klein, aber fein ist Udos einfache ***Erbsen-Artischocken-Bouillon mit Parmesanciabatta.*** *Dass es nicht immer die großen Sachen sind, die einen satt und zufrieden machen, hat er (wieder einmal) beim Anhören der Chili Peppers begriffen. Flea braucht in seinem Song mit autobiografischem Hintergrund – er wurde selbst aufgrund seiner Kleinheit häufig verdroschen – auch keine lauten Töne, um uns klarzumachen: Klein zu sein wie eine Erbse ist keine Schwäche. Sie eröffnet wunderbare Perspektiven. Also kein Grund, zu wachsen und sich an den Großen mit den gleichen Waffen zu rächen. Die Kombi aus Suppe und Song tröstet übrigens wunderbar, wenn man auf Arbeit oder in der Schule mal wieder von den Größeren eine auf den Deckel bekommen hat.*

ZUTATEN FÜR 4 PERSONEN

SUPPE
1,2 l Gemüsebrühe (→ S. 10)
120 g getrocknete Tomaten
100 ml heißes Wasser
8 Artischockenherzen (Glas)
400 g Erbsen (TK)
1 EL Olivenöl
30 g Pinienkerne
Salz
½ Bund Koriander, gehackt

CIABATTA
1 Ciabatta
2 EL Olivenöl
50 g Parmesan, gerieben

Zur Vorbereitung: Gemüsebrühe nach dem Rezept auf Seite 10 kochen. Getrocknete Tomaten in einer Schüssel mit dem 100 Millilitern heißem Wasser 1 Stunde einweichen.

Für die Suppe: Die Tomaten nach dem Einweichen in feine Streifen schneiden und mit dem Einweichwasser in den Topf mit der Gemüsebrühe geben. Die Gemüsebrühe zum Kochen bringen, dann die Artischocken und Erbsen dazugeben und erhitzen.

In einer Pfanne das Olivenöl erhitzen und die Pinienkerne darin goldbraun rösten. Dann leicht salzen.

Für das Ciabatta: Das Ciabatta in fingerdicke Scheiben schneiden und in einer Pfanne mit 2 Esslöffeln Olivenöl knusprig braun rösten. Eine Seite mit Parmesan bestreuen.

Vor dem Servieren: Die Bouillon auf Tellern anrichten und mit Koriander und gerösteten Pinienkernen bestreuen. Dazu wird Parmesan-Ciabatta gereicht.

TIPP: Wichtig bei dieser Suppe ist, dass die Gemüsebrühe angenehm kräftig und rund schmeckt. Eine aus Brühwürfeln hergestellte Brühe hat in der Regel nicht genug Geschmacksvolumen. Wer sich eine große Portion vorkocht, hat nach Feierabend in Windeseile eine köstliche Wohlfühlsuppe!

Statt Koriander können übrigens auch Rosmarin, Basilikum oder Thymian verwendet werden.

SCHMORGURKEN REMIX

A LITTLE BIT OF CUCUMBER
T. W. CONNOR

Gurken waren laut Songtext die absoluten Lieblinge der Arbeiterklasse im England des beginnenden 20. Jahrhunderts. Altmodisch, aber gut, wie der Music-Hall-Klassiker von 1915, ist auch das Feierabend-Gericht dazu: Modern interpretiert sind Udos ***Estragonschmorgurken mit Möhren-Pecorino-Kartoffelstampf und gebratenen Haselnusschampignons*** *auch heute noch schnelle und leichte Lieblinge nach der Arbeit.*

ZUTATEN
FÜR 4 PERSONEN

SCHMORGURKEN
800 g Schmorgurken
50 g Zwiebeln
2 EL Sonnenblumenöl
Salz und Pfeffer
150 ml Weißwein
150 ml Gemüsebrühe
2 TL Senfkörner
2 TL Senf
100 g Crème fraîche
200 g Sahne
½ Bund frischer Estragon

KARTOFFELSTAMPF
650 g mehligkochende Kartoffeln
350 g Möhren
2 TL Salz
1 EL Butter
100 g Sahne
100 ml Wasser
40 g Pecorino, gerieben

CHAMPIGNONS
250 g Steinchampignons
40 g Haselnüsse
4 EL Olivenöl
Salz und Pfeffer
1 Bund Petersilie, gehackt

Für die Schmorgurken: Schmorgurken schälen, längs halbieren und die Kerne mit einem Teelöffel entfernen. Das Gurkenfleisch in circa 2 Zentimeter breite Stücke schneiden.

Die Zwiebeln schälen, fein hacken und in einer Pfanne mit Sonnenblumenöl glasig dünsten. Gurken hinzufügen und 2 Minuten bei mittlerer Hitze anschwitzen. Danach mit Salz und Pfeffer würzen. Mit Weißwein und Gemüsebrühe ablöschen. Senfkörner, Senf, Crème fraîche und Sahne hinzufügen und weitere 2 Minuten köcheln. Die Blätter vom Estragon abzupfen, klein hacken und unter die Gurken rühren.

Für den Kartoffelstampf: Kartoffeln und Möhren schälen und vierteln. Reichlich Wasser und Salz in einem Topf aufkochen und das Gemüse darin in 20 Minuten weich kochen. Abgießen und die Kartoffeln und Möhren kurz ausdampfen lassen. Dann die Butter dazugeben und das Gemüse mit einem Stampfer zu einem feinen Püree verarbeiten.

Sahne und 100 Milliliter Wasser in einem Topf aufkochen und mit dem Pecorino unter die Kartoffelmasse rühren. Ist der Kartoffelstampf noch zu fest, etwas mehr heiße Sahne unterrühren.

Für die Champignons: Die Champignons mit einem Pinsel oder Küchentuch reinigen (nicht waschen!) und vierteln. Die Haselnüsse hacken. In einer Pfanne das Olivenöl erhitzen und die Champignons mit den Haselnüssen darin 1 Minute braten. Mit Salz und Pfeffer würzen und die Petersilie unterheben.

Die Champignons mit den Schmorgurken und dem Kartoffelstampf servieren.

HOW MUCH IS THE FISH
SCOOTER

DORADE DE LUXE IM SALZMANTEL

Angeblich handelt es sich beim Fisch aus Scooters Hit von 1998 um das Exemplar, das fürs Studioaquarium gekauft wurde, und der soll 3,80 gekostet haben. Der Titel klang laut Baxxter aber einfach gut. Um Fischpreise geht es allerdings nicht im Song, der dazu aufruft, den Moment zu genießen: Die Jagd ist besser als die Beute!
Henriette nahm das beim Kochen mal wörtlich: Die ***Dorade mit Kräutern und Zitrone in Wermut-Salz-Kruste*** *kostet nicht viel Arbeit, macht aber richtig Spaß, schmeckt einfach gut und ist die perfekte leichte Unterlage für einen anschließenden langen Tanzabend. – Yeeeeeeah!*

ZUTATEN
FÜR 4 PERSONEN

DORADE

4 ganze Doraden, küchenfertig (je ca. 400 g, alternativ: Forellen)
50 g gemischte Kräuter, z. B. Rosmarin, Thymian, Oregano, Petersilie, Estragon
1 Bio-Zitrone
4 Knoblauchzehen

KRUSTE

4 Eiweiß
4 kg grobes Meersalz
50 ml Wasser
100 ml trockener Wermut

Backblech, Alufolie

Für die Doraden: Den Backofen auf 200 °C Umluft vorheizen. Die Doraden von innen und außen waschen und mit Küchenpapier abtrocknen. Die Kräuter grob hacken. Die Zitrone und den geschälten Knoblauch in Scheiben schneiden. Die Fische mit den Kräutern, Knoblauch und der Zitrone füllen.

Für die Kruste: Das Eiweiß in einer Schüssel mit Salz, Wasser und Wermut mischen. Eigelb anderweitig verwenden. Ein Backblech mit Alufolie auslegen und mit der Hälfte der Salzmischung für jeden Fisch ein etwa 1 Zentimeter dickes Salzbett anlegen. Jeweils 1 Fisch darauflegen.

Die Fische gleichmäßig mit der restlichen Salzmischung abdecken und diese etwas andrücken. Die Schicht sollte etwa 1 Zentimeter dick und der Fisch nicht mehr sichtbar sein. Den Fisch im Ofen auf mittlerer Schiene 35 bis 40 Minuten garen.

Vor dem Servieren: Die Salzkruste vorsichtig mit einem Hammer, Fleischklopfer oder ähnlichem Gegenstand öffnen. Die Haut von den Fischen abziehen und die Filets behutsam herausheben. Dann die Fische umdrehen und auf der anderen Seite den Vorgang wiederholen. Gräten entfernen.

SERVIERTIPP: Dazu passen Rosmarinkartoffeln mit mediterranem Gemüse (Zucchini, Paprika, Fenchel, Auberginen, Tomaten) oder knuspriges Weißbrot und ein knackiger Salat.

CARBONARA
SPLIFF

SPAGHETTI CARBONARA VEGGIE REMIX

Viele wollen es nicht glauben, aber auch in den 80ern gab es so etwas wie Geschmack. Im Falle von Spliffs Nonsense-Song »Carbonara« sogar doppelt: Die Musik sorgt für gute Feierabendlaune mit einem Hauch Italien-Feeling. Man bekommt sofort Lust auf Carbonara. Weil wir aber mittlerweile ein neues Jahrtausend haben und eine Coverversion immer eine persönliche Note haben sollte, hat Udo ***vegetarische Carbonara und Crostini mit schwarzer Olivencreme*** *komponiert.*

ZUTATEN
FÜR 4 PERSONEN

CROSTINI
1 Ciabatta
2 EL Olivenöl
1 Knoblauchzehe, geschält
100 g schwarze Olivencreme

PASTA
100 g Räuchertofu
4 Eier
60 g Parmesan, gerieben
2 EL Olivenöl
Salz
1 Lorbeerblatt
400 g Spaghetti
Pfeffer
1 Bund Petersilie, gehackt

Für die Crostini Crema di olive nere: Das Ciabatta in fingerdicke Scheiben schneiden. In einer Pfanne mit etwas Olivenöl und einer Zehe Knoblauch von beiden Seiten goldbraun rösten. Die Pfanne mit den Crostini beiseitestellen.

Für die Sauce: Den Räuchertofu in kleine Würfel schneiden.

Die Eier in einer Schüssel gut miteinander verquirlen. Die Hälfte des Parmesans hinzufügen und nochmals verquirlen.

Olivenöl in einer Pfanne erhitzen und die Räuchertofu-Würfel darin bei mittlerer Hitze leicht knusprig braten.

Für die Nudeln: Ungefähr 3 Liter Wasser in einem großen Topf mit 3 Teelöffeln Salz und dem Lorbeerblatt zum Kochen bringen. Die Spaghetti hineingeben und al dente kochen. Danach durch ein Sieb abgießen, dabei 100 Milliliter Nudelwasser auffangen und das Lorbeerblatt entfernen.

Zum Fertigstellen: Das aufgefangene Nudelwasser in einer großen Pfanne zum Kochen bringen. Spaghetti und Räuchertofu hineingeben und 1 Minute köcheln lassen. Die Pasta in eine vorgewärmte Schüssel geben und die Eiermischung sofort unterziehen. Mit Salz und Pfeffer würzen.

Die Nudeln in 4 vorgewärmte Teller verteilen. Mit dem restlichen Parmesan und der gehackten Petersilie bestreuen. Die Crostini mit der Olivencreme bestreichen und zur Pasta genießen.

ES GIBT REIS, BABY
HELGE SCHNEIDER

RISOTTO A LA HELGE

Was gibt's am besten nach einem langen Arbeitstag? Es gibt Reis, Baby, und zwar schön schlonzig als ***Mohn-Zitronen-Risotto mit marinierten Riesengarnelen****. Die Garnelen werden morgens schon vorbereitet, der Rest ist in einem Topf schnell gekocht. Die Serviervorschläge in Helge Schneiders Song wollte Henriette nicht genauso nachmachen, die hört sie sich lieber zum Essen an. Denn nichts bläst den Kopf nach der Arbeit so schön frei wie dieser genial irre Text. Und da niemand wie die Angebetete im Song als häusliche Putzfee enden will, schmeckt die Arbeit am nächsten Tag auch gleich besser … Unbedingt reinhören!*

ZUTATEN
FÜR 4 PERSONEN

GARNELEN

12 Riesengarnelen in der Schale, küchenfertig (ca. 400 g)
½ Chilischote
2 EL Olivenöl
2 TL Honig
2 TL Zitronensaft
2 EL Olivenöl zum Anbraten

RISOTTO

1,2 l Gemüsefond
1 mittelgroße Frühlingszwiebel
2–3 Schalotten
5 EL Olivenöl
400 g Risottoreis
100 ml trockener Weißwein
50 g Parmesan, frisch gerieben
3 EL Mohn
Abrieb von 1 Bio-Zitrone
2 EL Zitronensaft
1 EL Thymian, gezupft
Salz und schwarzer Pfeffer

Für die Riesengarnelen: Die Garnelen trockentupfen. Die Chilischote entkernen, fein hacken und mit Öl, Honig und Zitronensaft in einer Schüssel vermengen. Die Garnelen darin 2 Stunden im Kühlschrank marinieren.

Für das Risotto: Den Gemüsefond erhitzen und warm stellen. Die Frühlingszwiebel in sehr feine Ringe schneiden. Die Schalotten schälen und fein würfeln.

In einem Topf mit heißem Olivenöl die Schalotten bei mittlerer Hitze glasig dünsten. Dann den Reis dazugeben und unter häufigem Rühren glasig dünsten. Mit Weißwein ablöschen.

Nun eine Schöpfkelle Fond dazugeben und den Reis unter ständigem Rühren köcheln lassen, bis die Flüssigkeit fast aufgesaugt wurde. Dann eine weitere Kelle Fond dazugeben und einkochen lassen. Auf diese Weise den Fond einarbeiten, bis der Reis nach 25 bis 30 Minuten gar ist. Sollte die Brühe vorher zur Neige gehen, lauwarmes Wasser verwenden.

Wenn der Reis nur noch ganz leichten Biss hat, die Hitze deutlich reduzieren und den Parmesan, den Mohn, Zitronenabrieb und -saft, die Frühlingszwiebelringe und den Thymian unterrühren. Mit Salz und Pfeffer abschmecken.

Zum Braten der Garnelen: Das Olivenöl in einer Pfanne erhitzen. Die Garnelen aus der Marinade nehmen und scharf von jeder Seite circa 1 Minute anbraten. Dann mit der Marinade ablöschen, die Hitze stark reduzieren und die Garnelen in etwa 2 Minuten gar ziehen lassen.

FLANKSTEAK MIT LAUCHASCHE

FIRE FIRE
MOTÖRHEAD

Steak und Feuer – mehr braucht es eigentlich nicht, um ein beeindruckendes Mahl für echte Rock'n'Roller auf den Tisch zu bringen. Inspiriert vom Lieblingsgetränk des Motörhead-Frontmanns Lemmy Kilmister sorgt ein ordentlicher Schuss Whiskey für den feurigen Kick. Denn beim ***flambierten Flanksteak*** *ist zündeln ausdrücklich erwünscht. Damit der geschmackliche Funke auch wirklich überspringt, wird noch ein wenig* ***Lauchasche*** *über das gute Stück aus dem Rinder-Bauchlappen gestreut.*

ZUTATEN
FÜR 4 PERSONEN

LAUCHASCHE
150 g Lauch

FLEISCH
600–700 g Rinder-Flanksteak am Stück
2–3 Knoblauchzehen
4 EL neutrales Pflanzenöl, z. B. Rapsöl
2 Rosmarinzweige
Fleur de Sel und schwarzer Pfeffer
2 EL Bourbon-Whiskey

Backblech mit Backpapier, feuerfeste Form

Für die Lauchasche: Den Ofen auf 100 °C Umluft vorheizen. Den Lauch gut waschen und die einzelnen Blätter in 5 Zentimeter große Stücke schneiden. Diese auf einem Blech mit Backpapier nebeneinanderlegen und flachdrücken. Den Lauch 60 bis 70 Minuten im Ofen backen, bis er sehr dunkelbraun, aber noch nicht verbrannt ist.

Aus dem Ofen holen und in einer Küchenmaschine fein zerbröseln. Die Lauchasche ist in einem Schraubglas mehrere Monate haltbar und schmeckt zu Fisch, Risotto oder Pasta.

Für das Fleisch: Das Steak 1 bis 2 Stunden vor der Zubereitung aus dem Kühlschrank nehmen, damit es Zimmertemperatur hat. Den Backofen auf 150 °C Umluft vorheizen.

Den Knoblauch in der Schale mit einem Messerrücken flachdrücken. In einer großen Pfanne mit heißem Pflanzenöl, dem Rosmarin und dem Knoblauch das Steak von beiden Seiten etwa 2 Minuten scharf anbraten.

Aus der Pfanne nehmen und in eine feuerfeste Form legen. 15 Minuten im Ofen medium garen.

Vor dem Servieren: Das Fleisch gegen die Faser in 1 bis 2 Zentimeter dicke Tranchen schneiden und mit Fleur de Sel und Pfeffer würzen. Gleichmäßig mit dem Whiskey beträufeln und am Tisch flambieren.

SERVIERTIPP: Die Lauchasche in einem Schälchen dazu servieren. Zum Nachwürzen Fleur de Sel bereitstellen. Dazu passen: Röstkartoffeln, Süßkartoffel-Püree, grüne Bohnen mit Speck oder gegrilltes Gemüse.

SUPERBURGER EXTENDED VERSION

GIVE ME THE FOOD
MISS PLATNUM

Definitiv nicht diättauglich ist der ***Superburger mit Avocado, Bacon, Blauschimmelkäse, Karamellzwiebeln, Jalapeños und Spiegelei****. Wer wie Henriette Essen wirklich liebt, dem kann das total egal sein! Inspiriert zu dieser dicken und provokativen Absage an alle figurbewussten Ernährungsregeln fürs Abendessen diente Miss Platnum mit ihrem Song »Give me the Food«.*

ZUTATEN
FÜR 4 BURGER

BELAG
150 g rote Zwiebeln
3 EL Pflanzenöl
1 TL Zucker
200 g Tomaten
2 kleine Hass-Avocados
100 g Blauschimmelkäse
4 EL Mayonnaise
4 TL grober Dijonsenf
3–4 EL eingelegte Jalapeños
50 g gemischter Salat
4 Eier
12 Scheiben Frühstücksbacon
4 große Burgerbrötchen
Ketchup nach Wunsch

PATTYS
600 g Rinderhack
1 Ei
2 Msp. mildes Paprikapulver
4 EL Semmelbrösel
Salz und schwarzer Pfeffer
3 EL Pflanzenöl

Zur Vorbereitung: Die Zwiebeln schälen, halbieren und in dünne Streifen schneiden. In einer Pfanne mit 1 Esslöffel Öl 2 bis 3 Minuten anbraten, dann den Zucker hinzugeben, umrühren und Zwiebeln etwa 1 Minute karamellisieren.

Die Tomaten in Scheiben schneiden. Die Avocado halbieren, entkernen und dann mit einem Messer bis zur Schale in Streifen einschneiden. Mit einem Löffel die Avocadostreifen herauslösen. Den Blauschimmelkäse in Scheiben schneiden. Die Mayonnaise mit Senf verrühren. Jalapeños in Ringe schneiden und den Salat zurechtzupfen.

Für die Pattys: Das Hackfleisch gut mit Ei, Paprikapulver und Semmelbröseln vermengen. Mit Salz und Pfeffer abschmecken. 4 gleichmäßige Pattys mit einem Durchmesser von 11 bis 12 Zentimetern formen.

In einer Pfanne mit 3 Esslöffeln Öl auf jeder Seite circa 1 Minute scharf anbraten. Dann die Hitze reduzieren und die Pattys 8 bis 10 Minuten unter mehrfachem Wenden fertig garen.

Für mehr Belag: In einer Pfanne mit 2 Esslöffeln Öl 4 Spiegeleier braten. In einer beschichteten Pfanne die Speckscheiben ohne Öl von beiden Seiten 3 bis 5 Minuten knusprig anbraten.

Für die Fertigstellung: Die Burgerbrötchen toasten. Beide Brötchenhälften mit der Mayonnaise und nach Belieben mit Ketchup bestreichen. Dann auf die untere Hälfte das Patty legen und alle weiteren Zutaten übereinanderstapeln. Den Deckel auflegen und den Burger eventuell mit einem Schaschlikspieß fixieren.

PORK & BEANS
WEEZER

KOTELETT MIT BOHNEN INDIESTYLE

Die Idee, diese konventionellste Kombi aller Zeiten so zu kochen, nämlich als ***Schweinekotelett mit Salbeibutter und geschmorten Borlottibohnen****, kam Henriette beim Hören von Weezers »Pork and Beans«. Der Song wurde aus der Wut über die Ansage des Managements, doch mal was Massentauglicheres zu schreiben, heraus komponiert. Wütend macht er aber bestimmt nicht: Er hat Henriette nicht nur zum Rezept inspiriert, er ist auch wunderbar zum Abstreifen der gesellschaftstauglichen Arbeitsmaske nach Feierabend.*

ZUTATEN FÜR 4 PERSONEN

BOHNEN

300 g getrocknete Borlottibohnen
1 rote Zwiebel
100 g Stangensellerie
2–3 Knoblauchzehen
1 gelbe Paprika
2 EL Olivenöl
50 g Schweinespeck, gewürfelt
1 EL Tomatenmark
100 ml trockener Weißwein
300 ml Gemüsebrühe/-fond
¼–½ TL Pimentón
je 2 TL Thymian und Rosmarin, gehackt
400 g stückige Tomaten aus der Dose
Salz und schwarzer Pfeffer

SALBEIBUTTER

60 g zimmerwarme Butter
1 EL Salbei, gehackt
Schalenabrieb von ½ Bio-Zitrone und etwas Saft
Salz

KOTELETTS

2 EL Olivenöl
4 Schweinekoteletts (je ca. 200 g)
Salz
schwarzer Pfeffer

ofenfeste Form

Zur Vorbereitung: Die Bohnen über Nacht (10 bis 12 Stunden) in einer Schüssel mit ungesalzenem Wasser einweichen. Dann mit dem Einweichwasser in einen Topf geben und nach Packungsanweisung bissfest garen. Abgießen und beiseitestellen.

Für die Bohnen: Die Zwiebel schälen und würfeln. Den Sellerie putzen und in 1 Zentimeter dünne Scheiben schneiden. Den Knoblauch schälen und in feine Scheiben schneiden. Die Paprika putzen und etwa 1 Zentimeter klein würfeln.

In einem Schmortopf oder einer Pfanne mit Deckel das Öl erhitzen und den gewürfelten Speck etwa 2 Minuten darin knusprig anbraten. Dann die Zwiebeln hinzugeben und glasig dünsten. Nun das Tomatenmark einrühren und kurz anrösten. Jetzt das Gemüse (außer den Bohnen) und den Knoblauch dazugeben und alles 2 bis 3 Minuten dünsten. Mit Weißwein ablöschen, kurz aufkochen und dann Gemüsebrühe oder -fond angießen.

Bohnen, Pimentón, Kräuter und Tomaten mit in die Pfanne geben. 30 Minuten bei mittlerer Hitze offen schmoren, bis die Mischung schön dickflüssig wird. Salzen und pfeffern.

Für die Salbeibutter: Inzwischen die Butter mit dem Salbei, der Zitronenschale und einer Prise Salz vermengen. Bis zum Servieren kalt stellen.

Für die Koteletts: Den Backofen auf 150 °C Umluft vorheizen. In einer Pfanne mit heißem Olivenöl die Koteletts von jeder Seite 2 Minuten scharf anbraten. Dann von beiden Seiten salzen und pfeffern, in eine ofenfeste Form legen und im Ofen auf mittlerer Schiene 10 Minuten weitergaren.

Koteletts aus dem Ofen nehmen und mit einigen Spritzern Zitronensaft beträufelt, mit einem Klecks Salbeibutter obenauf und den Bohnen servieren.

CHOP SUEY
SYSTEM OF A DOWN

CHOP SUEY SHIITAKE-REMIX

Chop Suey – bunte Reispfanne mit Hähnchen. System of a Down wählten den Namen des bekannten Fusiongerichtes als Titel für einen ihrer Songs. Henriette hat die Probe aufs Exempel gemacht und ausprobiert, was rauskommt, wenn man das Lied beim Kochen hört. Und tatsächlich: ***Chop Suey mit Hähnchen, Pak Choi und Shiitakepilzen****! Haut außerdem nach Feierabend ordentlich rein und unterstützt beim Schnipseln der Zutaten.*

ZUTATEN FÜR 4 PERSONEN

2–3 Knoblauchzehen
300 g Pak Choi (asiatischer Kohl)
500 g Hähnchenfleisch
150 g Shiitakepilze
2 mittelgroße Frühlingszwiebeln
100 g Baby-Maiskölbchen
1 TL Speisestärke
125 ml Wasser
4 EL neutrales Pflanzenöl, z. B. Rapsöl
2 EL Sojasauce
2 EL Austernsauce (aus dem Asia-Laden)
schwarzer Pfeffer

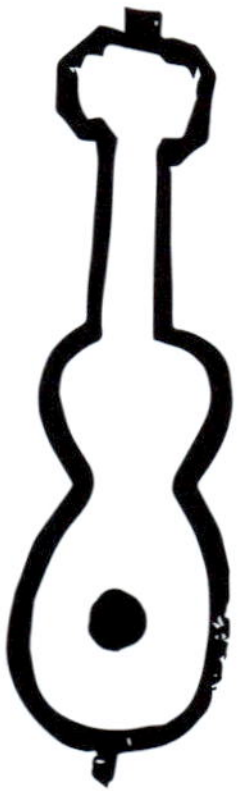

Zur Vorbereitung: Den Knoblauch schälen und in feine Scheiben schneiden. Den Strunk vom Pak Choi entfernen und Kohlblätter schräg in 2 Zentimeter breite Streifen schneiden.

Hähnchenfleisch von Fett und Sehnen befreien und in 1 Zentimeter dünne Streifen schneiden. Shiitakepilze mit einer Pilzbürste oder einem Küchentuch putzen, nicht waschen! Frühlingszwiebeln schräg in 1 Zentimeter breite Ringe und Maiskölbchen schräg in 2 Zentimeter breite Stücke schneiden.

Die Stärke mit 3 Esslöffeln Wasser glatt rühren.

Zum Fertigstellen: In einem Wok oder einer Pfanne das Pflanzenöl erhitzen. Zuerst das Hähnchenfleisch 3 bis 4 Minuten scharf anbraten, dann den Knoblauch hinzugeben und 1 Minute mitbraten. Gemüse und Pilze dazugeben und alles 6 bis 8 Minuten weitergaren, dabei immer wieder umrühren.

Mit Soja- und Austernsauce würzen und 2 Minuten weiterbraten. Das restliche Wasser hinzugeben und die aufgelöste Stärke zum Binden einrühren. Kurz aufkochen. Sollte die Sauce nicht dick genug sein, vorsichtig etwas mehr Stärke-Wasser-Mischung hinzugeben.

Mit Pfeffer abschmecken. Sollte es nicht salzig genug sein, noch etwas Sojasauce verwenden.

SERVIERTIPP: Dazu passen Reis oder asiatische Nudeln (z. B. Mie-Nudeln).

ROCK
STAR

LASST ES ÜBERKOCHEN!

HABT IHR ALS KÖCHE EIGENTLICH NACH GETANER ARBEIT NOCH LUST, FÜR EUCH SELBER ZU KOCHEN? DAS FÄLLT JA NICHT-KÖCHEN OFT SCHON SCHWER.

UDO: Nach der Arbeit bin ich meistens satt und habe keine Lust, nochmal zu kochen. Das Kochen findet dann eher im Kopf statt. Beispielsweise kreiere ich gern beim Fahrradfahren neue Gerichte. Welche Kräuter will ich verwenden, welche Konsistenz soll das Essen haben… Auch Farben spielen dabei eine große Rolle. Rhabarber färbe ich oft mit Rote-Bete-Püree, weil er gekocht auch lecker rot aussehen soll, wie die rohen Stangen. Das habe ich zum Beispiel auch für das Rhabarberkompott auf Seite 115 so gemacht.

HENRIETTE: Andere gehen ins Yoga oder meditieren, ich entspanne mich am Herd. Ich empfinde Kochen nicht als Arbeit im eigentlichen Sinne – obwohl es mein Job ist. Manchmal lasse ich mich auch gerne bekochen und freue mich nach einem anstrengenden Tag, wenn ich mal gar nichts mehr in der Küche machen muss. Entweder kocht dann mein Mann für uns oder wir gehen ins Restaurant. So bekommt man auch immer wieder neuen Input und bleibt kreativ.

UDO: Und ein gutes Abendessen muss ja nicht viel Arbeit machen. Deshalb gibt es auch viele schnelle und einfache Rezepte in unserem Kochbuch: Die Erbsen-Bouillon von Seite 57 ist super schnell gemacht, wenn man etwas Brühe auf

Lager hat. Und die Schmorgurken von Seite 59 sind schnell gar. Vegetarier zu sein hat meiner Meinung nach unendlich viele Vorteile. Mein Favorit: Die Carbonara von Seite 63. Pasta geht immer schnell und fast alle Leute lieben Nudelgerichte.

HENRIETTE: Viele Gerichte kann man außerdem auch super vorbereiten, etwa die Borlottibohnen von Seite 70. Die schmecken ohnehin mit jedem Aufwärmen noch besser. Das ist nicht nur nach Feierabend klasse, wenn es mal schnell gehen soll, sondern auch, wenn man mal ein größeres Abendessen mit Gästen plant. Auch das Chop Suey von Seite 72 ist superschnell fertig und macht nicht viel Stress.

WAS UNS ZUR NÄCHSTEN FRAGE BRINGT. AM WOCHENENDE UND ZU BESONDEREN ANLÄSSEN WILL MAN ABENDS JA AUCH MAL FESTLICH AUFKOCHEN. WAS IST EUER DINNER-FAVORIT?

UDO: Crossover Food. Da ist für jeden was dabei und es ist neu und aufregend. Deshalb die Apfelsinen-Lasagne von Seite 78. Das ist »Leidenschaft made in Italy for Asia-Freaks im deutschen Pavillon«.

HENRIETTE: Die Dorade im Wermut-Salzmantel von Seite 60 macht richtig was her und der Fisch wird superzart. Im Zweifelsfall aber siegt für mich der Superburger von Seite 69. Burger sind mit eines meiner absoluten Lieblingsessen!

FEIERABEND-SOULFOOD ODER SCHICKES DINNER?

KOCH DIR EIN ABENDESSEN NACH DEINEM GESCHMACK!

COCONUT DRACULA
ISLANDER

ROTES CURRY
MEATFREE REMIX

»Coconut Dracula« basiert eigentlich auf einem Verhörer des Leadsängers, was auch immer sein hispanischer Onkel gesagt haben mag. Heraus dabei kam ein Song über den bekehrten Grafen Dracula, der beim Biss in eine Kokosnuss erkannte, dass es einen Genuss jenseits blutrünstiger Gelage gibt. Die Story über die wunderbare Verwandlung vom Blutsauger zum mitfühlenden Genossen macht Hoffnung und gute Laune. Beim Kochen war Udo dann auch nicht auf Blut aus, sondern auf ***rotes Tofu-Gemüse-Curry und Kaffir-Kurkuma-Duftreis****.*

ZUTATEN
FÜR 4 PERSONEN

TOFU
200 g Tofu, natur
1 Knoblauchzehe
200 ml Wasser
50 ml Sojasauce
1 TL Salz
1 Msp. weißer Pfeffer

CURRY
30 g Ingwer
1 Knoblauchzehe
1 Bird-Eye-Chili
30 g Zwiebeln
100 g Kartoffeln, Salz
4 EL Sonnenblumenöl
400 ml Kokosmilch
200 ml Gemüsefond
1 TL Currypulver
½ Stange Zimt
1 TL Zitronensaft
1 Sternanis
1 EL Tomatenmark
je 100 g Möhren und Zucchini
30 g Rosinen, 200 g Tofu
je ½ Bund Thaibasilikum und Koriander

REIS
250 g Duftreis
350 ml Wasser
30 ml Kokosmilch
1 Kaffir-Limettenblatt
2 Msp. gemahlene Kurkuma

Für den Tofu: Den Tofu 2 Zentimeter groß würfeln. Knoblauch schälen und pressen. Alle Zutaten in einem Topf aufkochen und dann vom Herd nehmen. Mindestens 2 Stunden oder am besten 1 Tag durchziehen lassen.

Für das Curry: Ingwer mit der Schale in kleine Stücke schneiden. Knoblauch schälen und pressen. Chili entkernen und fein hacken. Die Zwiebel schälen und fein würfeln.

Die Kartoffeln schälen, 2 Zentimeter groß würfeln und in Salzwasser weich kochen. In ein Sieb abgießen.

Die Zwiebeln in einem Topf mit heißem Sonnenblumenöl glasig dünsten. Kokosmilch, Gemüsebrühe, Chili, Knoblauch, Ingwer, Curry, Zimt, etwas Salz, Zitronensaft und Sternanis dazugeben. Abgedeckt 5 Minuten bei kleiner Hitze köcheln lassen. Vom Herd nehmen und die Sauce 15 Minuten ziehen lassen. Dann Zimtstange und Sternanis herausnehmen. Tomatenmark dazugeben und die Currysauce mit einem Pürierstab cremig pürieren.

Möhren und Zucchini 2 Zentimeter groß würfeln. Möhren und Rosinen zur Currysauce geben und 1 Minute köcheln lassen. Danach Zucchini, Kartoffeln und Tofu hinzugeben und einmal aufkochen.

Basilikumblätter abzupfen und mit dem gehackten Koriander unter das Curry rühren.

Für den Reis: Den Reis gründlich mit kaltem Wasser waschen. Danach im Sieb abtropfen lassen.

Die restlichen Zutaten in einem Topf zum Kochen bringen und dann den Reis dazugeben. Oft umrühren! Wenn das Wasser verkocht ist und der Reis anzusetzen beginnt, den Topf abdecken und vom Herd nehmen. 15 Minuten quellen lassen.

ZWEI APFELSINEN
IM HAAR
FRANCE GALL

VEGGIE-LASAGNE A BANDA

*Die exotisch-gewagte **Lasagne mit Wirsing, Austernpilzen und Apfelsinen-Chili-Sauce** wurde zwar von einem Schlager aus den 60er-Jahren inspiriert, wird aber sicher noch dieses Jahr in deiner Küche zum Trend werden. Bei Udos Kombi aus gesundem Wirsing und süßen Apfelsinen klatscht die kulinarische Welt ganz sicher in die Hände. Das kann man heute schon ahnen! Schmeckt mit dem Song dazu auf der Retro-Party genauso wie als essbarer Feierabend-Urlaub für Gaumen und Ohren.*

**ZUTATEN
FÜR 4 KLEINE PORTIONEN**

WIRSING
200 g Wirsing
Salz
200 g Sahne
50 g Parmesan, gerieben
Abrieb von ½ Bio-Zitrone
Pfeffer

PILZE
250 g Austernpilze
½ Bund Thymian
1 kleine Zwiebel
2 EL Olivenöl

UND
6 Lasagneblätter
3 EL Olivenöl
80 g Ziegenkäse (Chevrolet)

SAUCE
2 mittelgroße Bio-Apfelsinen (Orangen)
½ kleine rote Chili
½ kleine Zwiebel
2 EL Sonnenblumenöl
100 ml Gemüsebrühe
40 g Akazienhonig
½ TL Salz
1 EL Speisestärke
2 EL Wasser
2–3 Stängel Koriander, gehackt

Auflaufform

Für die Wirsingfüllung: Den Wirsing putzen, in feine Streifen schneiden und in Salzwasser blanchieren. Mit eiskaltem Wasser abschrecken und gut abtropfen lassen. Kräftig ausdrücken.

Die Sahne kurz aufkochen und 30 Gramm Parmesan, Zitronenschale, Salz und Pfeffer zugeben. Abkühlen lassen, dann mit dem Wirsing mischen.

Für die Pilzfüllung: Die Austernpilze in feine Streifen schneiden. Thymianblätter abzupfen. Zwiebel fein hacken. In einer Pfanne mit 2 Esslöffeln heißem Olivenöl die Austernpilze goldbraun braten. In der letzten Minute die Zwiebeln und den Thymian dazugeben. Mit Salz und Pfeffer würzen.

Zum Zusammensetzen: Den Backofen auf 200 °C Ober-/Unterhitze vorheizen. Lasagneblätter in Salzwasser al dente garen und halbieren. Eine Auflaufform mit dem restlichen Olivenöl ausstreichen. 4 Lasagneblätterhälften hineinlegen, Wirsing daraufgeben und mit dem restlichen Parmesan bestreuen. Eine weitere Pastaschicht und dann die Austernpilze einlegen. Die restlichen Lasagneblätter einlegen und mit Ziegenkäse bedecken. Etwa 10 Minuten backen.

Für die Sauce: Die Apfelsinen waschen. Die Schale von 1 Frucht abreiben, dann insgesamt 200 Milliliter Saft auspressen. Die Chili entkernen und fein hacken.

Die Zwiebel fein würfeln und in einem Topf mit Öl glasig dünsten. Apfelsinensaft, Gemüsebrühe, Honig, Salz und Chili hinzufügen und aufkochen.

Die Speisestärke mit den 2 Esslöffeln Wasser glatt rühren und zügig mit einem Schneebesen in die Sauce rühren. Nochmals aufkochen lassen. Dann die Apfelsinenschale dazugeben. Zum Schluss den Koriander untermischen.

KÜCHENHITS VOL. 4

PARTY-TOUR

KLEINE MUSIKULINARISCHE LECKERBISSEN ZUM ABFEIERN

POP
CORN

POPCORN SYNTHESIZED

POPCORN
HOT BUTTER

Der Welthit des Keyboard-Virtuosen Stan Free alias Hot Butter war einer der ersten Songs, der ausschließlich mit dem Synthesizer produziert wurde. Das Stakkato der Melodie imitiert den Klang aufpoppenden Popcorns. Das mag manchen auf die Nerven gehen, der Klassiker gehört aber genauso wie das essbare Pendant zu jeder richtigen Party dazu. Gershon Kingsley, der Komponist, behauptet, er habe ihn in fünf Minuten geschrieben. Udos Rezept für ***Anis-Honig-Popcorn*** *geht fast genauso schnell. Und weil's Synthesizer-Küche ist, hat er den Klassiker mit Gewürzen verfeinert.*

ZUTATEN
FÜR 2 PERSONEN

2 EL Speiseöl oder Kokosfett
50 g Popcorn-Mais
2 EL (70 g) Akazienhonig
1 gehäufter EL Anissamen

Für das Popcorn: Das Öl in einem hohen Topf stark erhitzen. Die Maiskörner hinzufügen und den Topf sofort mit einem Deckel verschließen. Sobald der Mais anfängt zu ploppen, die Hitze etwas reduzieren und den Topf gelegentlich hin und her bewegen. Wenn das Ploppen nachlässt, den Topf vom Herd nehmen.

Zum Aromatisieren: Den Honig in einer Pfanne oder in einem breiten Topf erhitzen und die Anissamen dazugeben. Das fertige Popcorn hinzufügen und zügig untermischen.

Popcorn zum Abkühlen in eine weite Schüssel geben.

TIPP: Falls das Popcorn nicht gleich verzehrt wird, unbedingt in einem verschlossenen Behälter lagern, damit der Honig kein Wasser ziehen kann und das Popcorn nicht weich wird.

BLACK MOONPIZZA

THAT'S AMORE
DEAN MARTIN

Liebe ist wie … wenn der Vollmond so groß und rund ist wie eine Pizza. Schöner als mit Metaphern aus der Küche kann man das größte Gefühl der Welt unserer Meinung nach nicht zum Ausdruck bringen. Und nirgends klingt es seit Jahrzehnten so schön wie in diesem weltbekannten Song. Deshalb hat Udo die weltbekannte Pizzametapher nachgekocht. Die ***schwarze Moonpizza mit Spargel, Pfifferlingen, Schmand und Blüten*** *eignet sich mit der zugehörigen musikalischen Begleitung als Candlelight Dinner genauso wie als Partysnack. – That's amore!*

ZUTATEN
FÜR 8 KLEINE PIZZEN

PIZZATEIG

3 g Aktivkohlepulver (im Internet oder in der Apotheke erhältlich)
300 ml Wasser
500 g Weizenvollkornmehl
1 gehäufter TL Salz
2 EL Olivenöl
20 g frische Hefe
Mehl zum Bestäuben und für die Arbeitsfläche
Fett für die Backbleche

BELAG

16 Stangen grüner oder weißer Spargel
10 EL Olivenöl
Salz
Pfeffer
400 g Pfifferlinge
400 g Schmand
1 Bund krause Petersilie, gehackt
60 g Parmesan, gerieben
4 TL Anissamen

2 Backbleche

Für den Pizzateig: Die Aktivkohle in 50 Milliliter heißem Wasser auflösen und lauwarm abkühlen lassen.

Mehl in eine Schüssel geben und mit Salz verrühren. Olivenöl, Hefe, Aktivkohlelösung und 250 Milliliter lauwarmes Wasser dazugeben und gut vermengen. Den Teig 10 Minuten kneten und zu einer Kugel formen. Mit einem Tuch abgedeckt an einem warmen Ort 30 bis 60 Minuten gehen lassen, bis sich das Volumen verdoppelt hat. Den Teig nochmals 2 Minuten durchkneten.

Backofen auf 240 °C Ober-/Unterhitze vorheizen. Den Teig zu 8 Kugeln portionieren. Diese auf einer bemehlten Arbeitsfläche zu dünnen Fladen ausrollen. Auf die gefetteten Backbleche legen, mit einem Tuch abdecken und 15 Minuten gehen lassen. Dann etwa 3 Minuten im Ofen backen und abkühlen lassen.

Für den Belag: Das untere Drittel der Spargelstangen schälen. Danach der Länge nach halbieren und in einer Pfanne mit 1 Esslöffel Olivenöl al dente braten. Mit Salz und Pfeffer würzen und beiseitestellen.

Die Pfifferlinge nur trocken putzen. In einer Pfanne mit 1 Esslöffel heißem Olivenöl kurz anbraten, dann salzen und pfeffern.

Den Schmand mit Salz und Pfeffer würzen.

Zum Fertigstellen: Jeden Pizzaboden mit 2 Esslöffeln Schmand bestreichen und mit Spargel und Pfifferlingen belegen. Mit der Hälfte der Petersilie und des Parmesans und den Anissamen bestreuen. Die Pizzen 6 bis 7 Minuten bei 240 °C backen.

Zum Servieren mit dem restlichen Olivenöl beträufeln und mit Petersilie und Parmesan bestreuen.

DANCE THIS MESS AROUND **THE B-52s**

LIMBURGER-BURGER

Im Song »Dance this mess around« stellt eine beim Tanzen Verschmähte die ultimative Sinnfrage: Warum tanzt du nicht mit mir, ich bin doch kein stinkender Limburger. Das Lied hat Udo so berührt, dass er dem so schändlich geschmähten Limburger einen Trost-Burger gebraten hat. Denn er liebt den Wahnsinnsduft von Stinkekäse, besonders, wenn er als ***vegetarischer Limburger-Burger mit Reispatty*** *daherkommt. Mit dem im Magen wirst du ganz sicher auf der nächsten Party zu den B-52s abtanzen.*

ZUTATEN FÜR 5 STÜCK

PATTY

100 g Vollkorn-Rundkornreis
300 ml Wasser
1 Vollkornbrötchen
40 g Zwiebeln
30 g Emmentaler
1 Knoblauchzehe
20 g Haferflocken (Schmelzflocken)
1 Ei
1 EL Sojasauce
1 gestrichener TL Senf
je 1 gestrichener TL Rosmarin und Salbei, gehackt
½ TL Salz
2 Msp. Pfeffer
2 Msp. Muskatnuss, gemahlen
Olivenöl zum Anbraten

LIMBURGER

5 bis 10 Blätter Salat
2 große Tomaten
1 große Zwiebel
½ Salatgurke
5 Vollkornbrötchen
5 EL Tomatenketchup
5 gehäufte EL Mayonnaise
200 g Limburger
200 g Krautsalat

Zur Vorbereitung: Den Reis waschen und abtropfen lassen. Dann mit 300 Milliliter Wasser in einem Topf zum Kochen bringen. Mit Deckel so lange kochen, bis das Wasser vollständig aufgesogen ist. Der Reis sollte eher etwas zu weich sein. Dann vom Herd nehmen und im geschlossenen Topf 2 Stunden quellen lassen.

Für die Pattys: Das Brötchen in einen Behälter geben, der bis zum Rand mit kaltem Wasser gefüllt ist. Den Behälter verschließen und das Brötchen darin 15 bis 30 Minuten einweichen. Wenn es sich vollgesogen hat, gut ausdrücken. Währenddessen die Zwiebel schälen und klein würfeln. Emmentaler reiben. Knoblauch schälen und pressen.

Alle Zutaten, auch den Reis, in einer Schüssel gut miteinander vermengen. Dann die Masse mit feuchten Händen in 5 Portionen aufteilen und zu runden Bratlingen mit 10 Zentimeter Durchmesser formen. In einer Pfanne mit heißem Olivenöl von beiden Seiten knusprig braun braten.

Für den Belag: Den Salat waschen und trockenschütteln. Die Tomaten, die geschälte Zwiebel und die Salatgurke in Scheiben schneiden.

Vollkornbrötchen aufschneiden. Beide Brötchenhälften jeweils mit Ketchup und Mayonnaise bestreichen und den Salat auf die Unterseiten legen. Tomate, Gurke, Zwiebel, Patty, Limburger und Krautsalat darauf schichten und jeweils mit der Oberseite abschließen.

TIPP: Die Pattys lassen sich gut roh oder gebraten einfrieren.

JERK RIBS
KELIS

RIPPCHEN CALYPSO STYLE

Nicht nur der nachgekochte Song der Musikerin und gelernten Köchin Kelis trägt den Namen eines Gerichts. Sie benannte eine ganze Reihe von Songs kulinarisch, aber nicht, weil es darin ums Essen geht, sondern weil das Gericht während der Tonaufnahmen gegessen wurde. Muss irgendwie ganz tief in die Melodie eingedrungen sein, denn Henriette konnte die unwiderstehlichen Gewürze irgendwie hören, und es hat sie fast automatisch beim Tanzen Richtung Gewürzregal gezogen – am Schluss gab's dann ***karibische Schweinerippchen aus dem Ofen mit Ananassalsa****. Der essbare Beweis für die These, dass Musik die Kreativität in der Küche befördert – und umgekehrt.*

ZUTATEN FÜR 4 PERSONEN

JERK-WÜRZPASTE

Von Seite 11

FLEISCH

1,2 – 1,4 kg Spareribs vom Schwein
400 ml Ananassaft

SALSA

400 g Ananas
150 g Salatgurke
1 rote Zwiebel
1 Bio-Limette
2 EL süße asiatische Chilisauce
3 EL Ananassaft
1 EL neutrales Pflanzenöl
Salz und schwarzer Pfeffer
25 g Koriander zum Servieren

breite, flache Auflaufform, Alufolie

Zur Vorbereitung: Die Spareribs gleichmäßig mit der Jerk-Würzpaste von Seite 11 einstreichen, in eine Box mit Deckel geben und 24 Stunden im Kühlschrank marinieren.

Für die Spareribs: Den Backofen auf 150 °C Umluft vorheizen. Die Paste von den Spareribs kratzen und aufbewahren. Dann die Spareribs mit der gewölbten Seite nach oben in eine flache Auflaufform legen und mit 300 ml Ananassaft übergießen. Die Form dicht mit Alufolie abdecken. In den Ofen stellen und 2 Stunden auf der unteren Schiene garen.

Die beiseitegestellte Jerk-Würzpaste derweil mit dem restlichen Ananassaft verrühren.

Die Spareribs aus dem Ofen nehmen, die Alufolie abnehmen und die Rippchen mit der Sauce einstreichen. Ofentemperatur auf 200 °C erhöhen. Die Spareribs 30 Minuten ohne Folie weitergaren, nach 15 Minuten nochmals mit der Sauce einstreichen. Nach Ende der Garzeit aus dem Ofen nehmen und mit einem Messer auseinanderschneiden.

Für die Salsa: Die Ananas schälen und putzen. Die Gurke halbieren und mit einem Löffel die Kerne entfernen. Beides 1 Zentimeter groß würfeln. Die Zwiebel schälen und würfeln. Von der Limette die Schale abreiben und eine Hälfte auspressen.

Alle Zutaten gut vermengen und 15 Minuten ziehen lassen. Mit Salz und Pfeffer abschmecken. Vor dem Servieren den Koriander hacken und mit der Salsa vermischen.

SERVIERTIPP: Dazu passen Backkartoffeln, Reis oder knuspriges Weißbrot.

GEMÜSECHIPS MIT SALZMIX

SCHÜTTEL DEINEN SPECK
PETER FOX

Ein unschlagbarer Song zum Abtanzen, der definitiv zu jeder guten Party gehört. Genauso wie Chips. Aber bitte nicht 08/15. Also Henriettes ***Gemüsechips mit Bacon-Thymian-Salz*** *– dann heißt es auch auf deiner Party: Perle, dein Tisch ist gut gedeckt.*

ZUTATEN
FÜR 4 PERSONEN

SALZ
100 g Frühstücksbacon
1 EL Thymian, gehackt
100 g grobes Meersalz
1 TL Zucker

CHIPS
700 g Süßkartoffeln, Kartoffeln und frische Rote Bete
1 l Pflanzenöl zum Frittieren

Für das Salz: Den Bacon in einer Pfanne ohne Fett 2 bis 3 Minuten sehr knusprig braun braten. Aus der Pfanne nehmen und auf Küchenpapier abtropfen und abkühlen lassen. Der Bacon muss so knusprig sein, dass er zerbricht. Den Speck grob klein schneiden und zusammen mit dem Thymian, dem Salz und Zucker in einen Blitzhacker geben. Alles sehr fein zerkleinern.

Für die Chips: Das Gemüse in 1 bis 2 Millimeter dicke Scheiben schneiden oder hobeln.

Das Öl in einen Topf geben – es sollte mindestens 4 Zentimeter hoch im Topf stehen – und erhitzen. Die Spitze eines Holzkochlöffels in das Öl halten. Wenn sich kleine Bläschen bilden, ist das Öl heiß genug. Die Gemüsescheiben vorsichtig und portionsweiße in das heiße Öl tauchen und knusprig frittieren. Nicht zu viele Gemüsescheiben auf einmal in das Öl geben, da sonst zu viel Temperatur verloren geht. Die Chips zum Abtropfen auf Küchenpapier legen.

Die fertigen Chips mit dem Bacon-Thymian-Salz bestreuen und servieren.

TIPP: Das restliche Salz passt super zu Eierspeisen, auf Brot, zu Fisch, Gegrilltem und vielem mehr. In einem hübschen Gläschen verpackt, ist es auch ein tolles Geschenk.

WIR SIND FÜR MEHR PARTY IN DER KÜCHE!

EAT THE BEAT

WIE STEHT IHR ZUM ROCKMUSIKER-KLISCHEE »SEX, DRUGS, ROCK & ROLL«?
HENRIETTE: Klar geht es auf meinen Partys schon mal hoch her. Aber Drogen im herkömmlichen Sinn sind da sicher nicht im Spiel. Was mich und meine Gäste zu guter Musik in gute Stimmung versetzt, sind die kulinarischen Highlights! Ich liebe es, ein Buffet mit vielen kleinen Leckereien vorzubereiten.
UDO: Ja, Food, Sex und Rock & Roll sind das Geheimnis einer richtig guten Party! Andere Rauschmittel braucht man da nicht. Das ist so 1970 oder 2004. Die Snacks selbst vorzubereiten ist der Kick. Ob Popcorn (Seite 83) oder Pommes mit Erdbeer-Ketchup. Langweilige Snacks vom Supermarkt kann man auch allein vorm Fernseher essen. Selbstgemachte kulinarische Partydrogen sind das neue Kokain!

FEIERT IHR IMMER GROSS?
UDO: Oh nein. Große Partys brauchen viel Vorbereitungszeit und werden ziemlich schnell oberflächlich. Kleine Partys lassen mehr Raum für Individuelles. Lieber klein, Licht aus und die Vollmondpizza von Seite 85 auf den Tisch.
HENRIETTE: Oder mal ein richtig gemütlicher Filmabend mit Rippchen (Seite 89) oder Welshappen (Seite 97). Ich gucke gerne spannende Filme mit viel Action, und da braucht man dann auch Nervennahrung …

WATERMELONMAN-COCKTAIL

COCKTAILS MIXEN GEHÖRT ZUR GEPFLEGTEN PARTYKÜCHE!

SHAKE IT, BABY!

ZUTATEN FÜR 3–4 PORTIONEN

200 ml Wodka
80 ml Melonenlikör
80 ml Grenadinesirup
80 ml Zitronensaft
400 ml Orangensaft
20 Eiswürfel

ZUBEREITUNG: Für den Watermelonman-Cocktail alle Zutaten in einem Shaker gut schütteln. Danach den Cocktail mit den Eiswürfeln in Gläser füllen.

Für eine alkoholfreie Variante einfach den Melonenlikör durch dieselbe Menge Melonensirup ersetzen. Den Wodka weglassen und die alkoholfreie Mischung nach dem Mixen mit 200 Millilitern spritzigem Mineralwasser oder Tonicwater aufgießen.

Den Song zum Rezept findest du auf Seite 47. Die Melonen-Gazpacho eignet sich übrigens auch ganz ausgezeichnet fürs Party-Buffet. Nur nicht verwechseln!

Luxus / Herbert

CURRYWURST DE LUXE FEAT. STRUDEL

CURRYWURST
HERBERT GRÖNEMEYER

Wenn du total k.o. bist, brauchst du »wat zu kaun« – und am besten nicht erst dann. Beim Hören von Grönemeyers Pott-Hymne auf die beste Wurst der Welt traf Henriette die Erleuchtung: Eine entsprechende musikalische Hommage muss gekocht werden. Deshalb gibt es die Currywurst ab jetzt zu jeder Feierlichkeit im angemessenen Partykleid als stärkenden Aperitif: ***Currywurststrudel auf Muskatnussschaum****. Den Song weiterhin erst gegen Ende, denn das Beste kommt zum Schluss.*

ZUTATEN
FÜR 4 PERSONEN

STRUDELFÜLLUNG
200 g gekochte Pellkartoffeln
1 rote Zwiebel
2 EL Pflanzenöl
4 Currywürste, möglichst ohne Darm
1 EL Tomatenmark
5 EL stückige Tomaten aus der Dose
2 EL Apfelmus
1 EL Ketchup
2 TL Currypulver
1 Msp. Chilipulver
½ TL süßes Paprikapulver
Salz und Pfeffer

STRUDEL
1 Eigelb, 1 EL Milch
1 Rolle Blätterteig (275 g)
1 TL Sesam

SAUCE
2 Schalotten
1 EL Rapsöl
100 ml trockener Weißwein
100 ml Gemüsefond
100 g Schlagsahne
2 Msp. Muskatnuss, gemahlen
1 TL Speisestärke
2 EL Wasser
Salz und Pfeffer
1 EL glatte Petersilie, gehackt

Backblech, Backpapier

Für die Füllung: Die Kartoffeln schälen und etwa 1 Zentimeter groß würfeln. Die Zwiebel fein würfeln. Die Würste in einer Pfanne mit 1 Esslöffel heißem Öl 3 bis 4 Minuten anbraten, dann beiseitelegen.

Die Zwiebel im restlichen Öl 1 bis 2 Minuten andünsten. Die Kartoffeln 2 Minuten mitbraten. Hitze reduzieren und alle weiteren Zutaten zugeben. Gut umrühren und 5 Minuten sanft köcheln lassen, bis die Füllung etwas eindickt.

Für den Strudel: Den Ofen auf 180 °C Umluft vorheizen. Eigelb und Milch verquirlen. Den Blätterteig in 4 Rechtecke schneiden und diese auf das Backpapier legen. Auf jedes Teigstück mit einem Achtel der Kartoffelmasse eine Bahn auftragen, die in etwa der Größe einer Wurst entspricht. Auf der rechten Seite sollte mehr Abstand zum Rand sein als auf der linken, damit die Teignaht nicht oben ist. Die 4 Würste auf den Streifen platzieren und mit der restlichen Kartoffelmasse bedecken.

Oberen und unteren Teigrand einschlagen, dann den Teig von links nach rechts über die Würste klappen und mit etwas Eistreiche verkleben. Die Strudel mit Eistreiche überziehen, mit Sesam bestreuen und mit dem Backpapier auf das Blech legen. Auf der unteren Schiene des Ofens 20 bis 25 Minuten backen.

Für die Sauce: Die Schalotten würfeln. In einem Topf mit Rapsöl glasig dünsten, dann mit Weißwein ablöschen. Gemüsefond hinzugeben und 10 Minuten bei mittlerer Hitze köcheln lassen. Sahne und Muskat hinzugeben. Die Stärke mit 2 EL Wasser glatt rühren, dann in die Sauce einlaufen lassen und nochmals kurz aufkochen. Mit Salz und Pfeffer abschmecken.

Vor dem Servieren mit dem Stabmixer schaumig aufschlagen. Strudel darauf anrichten und mit Petersilie bestreuen.

CATFISH-NUGGETS

CATFISH
BOB DYLAN

Ganz untypisch für Dylans Schaffen gibt es in diesem Song keine kryptischen Botschaften, denn er ist einfach nur dem großen Baseball-Pitcher Jimi »Catfish« Hunter gewidmet. Der »Wels« hat über 200 Spiele gewonnen. Sein Spitzname rührt angeblich daher, dass er als Kind ebendiesen Fisch sehr gerne gegessen hat. Was dem Catfish zu einer so außerordentlichen Sportlerkarriere verholfen hat, kann auch als Snack für die nächste Fußball-Party nicht schlecht sein, besonders in Henriettes Siegerversion: ***knusprige Welshappen im Apple-Cider-Teig mit Honig-Senf-Dip.***

ZUTATEN
FÜR 4 PERSONEN

WELSHAPPEN

2 Eier
150 ml Apfel-Cider
150 g Mehl
3 Prisen Salz
500 g Welsfilet (oder anderer festfleischiger weißer Fisch)
1 l Pflanzenöl zum Frittieren

DIP

150 g Joghurt (10 % Fett)
50 g Mayonnaise
3 TL grobkörniger Dijon-Senf
3 TL Honig
1 Spritzer Zitronensaft
Schalenabrieb von ½ Bio-Zitrone
1 EL Dill, gehackt
Salz und Pfeffer

Für den Fisch: Eier, Cider, Mehl und Salz mit einem Schneebesen in einer Schüssel zu einem glatten Teig verrühren. Den Teig 20 Minuten quellen lassen.

Beim Welsfilet gegebenenfalls die Gräten entfernen und das Filet dann in etwa 2 cm breite Streifen schneiden.

Für den Dip: Alle Zutaten in einer Schüssel gut verrühren.

Zum Frittieren: Das Öl in einen Topf geben – es sollte mindestens 4 Zentimeter hoch im Topf stehen – und erhitzen. Die Spitze von einem Kochlöffel aus Holz in das Öl halten. Wenn sich kleine Bläschen daran bilden, ist das Öl heiß genug.

Die Fischstreifen sorgfältig im Cider-Teig wenden, sodass sie von allen Seiten gut damit bedeckt sind. Vorsichtig in das Öl geben und den Fisch portionsweise 2 bis 3 Minuten frittieren. Nicht zu viele Fischstücke auf einmal in den Topf geben, da sonst das Öl zu viel Temperatur verliert. Mit einer Schöpfkelle aus dem Öl nehmen. Auf ein Küchenpapier legen, um überschüssiges Fett aufzusaugen.

Sind alle Fischstücke frittiert, zusammen mit dem Dip servieren.

EAT THE RICH
AEROSMITH

JAKOBS-MUSCHELN DE LUXE

In ihrem Song machen sich Aerosmith lustig über die Arroganz reicher Schnösel und kommen zu dem Schluss, dass sie zu nichts anderem gut sind, als aufgegessen zu werden. Henriette nimmt das mal (fast) wörtlich und isst der Oberschicht die ***vergoldeten Jakobsmuscheln mit Vanille-Orangen-Fenchel*** *vor der Nase weg. Man muss die Feste feste feiern, wie sie fallen, manchmal auch mit einer gehörigen Prise augenzwinkernder Dekadenz!*

ZUTATEN FÜR 4 PERSONEN (ALS VORSPEISE)

FENCHEL
500 g Fenchel
1 Bio-Orange
Mark von 1 Vanilleschote
4 EL Weißweinessig
4 EL Olivenöl
1 TL Dijonsenf
2 TL Honig
Salz

MUSCHELN
16 frische Jakobsmuscheln, ohne Schale und Rogen
2 TL Ingwer, gerieben
2 mittelgroße Schalotten
4 EL Olivenöl
2 TL flüssiger heller Honig (z. B. Lindenblüten- oder Akazienhonig)
2 TL Thymian, gehackt
2 TL Butter
1 Bio-Limette
Fleur de Sel
16 Blätter Blattgold (ca. 3 × 3 cm, optional)

Für den Fenchel: Die Fenchelknolle vierteln, den harten Strunk entfernen. Die Knolle in 0,5 Zentimeter dicke Scheiben schneiden und in eine Schüssel geben.

Von einer Hälfte der Orange die Schale abreiben, dann beide Hälften auspressen. Abrieb und Saft mit den restlichen Zutaten in einer kleinen Schüssel zu einem Dressing vermengen. Über den Fenchel gießen und 15 Minuten ziehen lassen.

Für die Muscheln: Die Jakobsmuscheln mit Küchenpapier trockentupfen. Den Ingwer schälen und fein reiben. Die Schalotten schälen und sehr fein würfeln.

In einer Pfanne das Olivenöl erhitzen. Die Schalotten und den Ingwer darin anschwitzen, bis die Schalotten glasig sind. Die Muscheln dazugeben und von beiden Seiten jeweils 1 Minute scharf anbraten. Honig, Thymian und Butter hinzugeben und alles 3 bis 4 Minuten bei niedriger Hitze weiter garen.

Von der Limette 1 Teelöffel Schale abreiben und 4 Teelöffel Saft auspressen. Beides zu den Muscheln geben und diese mit Fleur de Sel abschmecken.

Vorsichtig je ein Stück Blattgold auf die Muscheln auflegen und leicht andrücken. Dann mit dem Fenchel zusammen servieren.

SERVIERTIPP: Dazu passt knuspriges Baguette oder Ciabatta.

STRAWBERRY FIELDS FOREVER
THE BEATLES

WEDGES FEAT. CROSSOVER-KETCHUP

Strawberry Fields ist eigentlich der Name eines verwilderten Heimgartens, in den sich der Komponist John Lennon als Kind immer wieder flüchtete, wenn ihm das echte Leben zu viel wurde. Und was haben wir als Kinder am liebsten gegessen? Neben Erdbeeren sicher Pommes mit Ketchup. So kam Udo auf die Idee zu den ***Sesamwedges mit indischem Erdbeer-Tomaten-Ketchup.*** *Die eignen sich nicht nur perfekt als Partysnack, sondern auch sonst als kleine essbare Auszeit vom Alltag.*

ZUTATEN
FÜR 4 PERSONEN

KETCHUP
150 g Erdbeeren
5 g frischer Ingwer
75 g Akazienhonig
50 g Tomatenmark
2 EL Weißweinessig
1 gestrichener TL indisches Currypulver, scharf
1 gestrichener TL Salz

WEDGES
800 g festkochende Kartoffeln
2 EL Olivenöl
1 gehäufter EL Sesam
Olivenöl für das Backblech
Salz und Pfeffer

Backblech

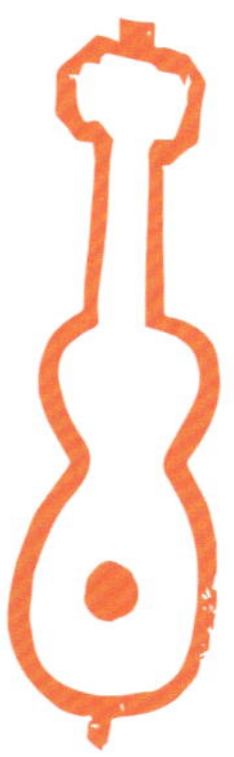

Für das Ketchup: Die Erdbeeren in kleine Stücke schneiden. Den Ingwer schälen und fein reiben.

Honig in einem kleinen Topf erhitzen und die Erdbeeren darin auf kleiner Flamme 2 Minuten köcheln.

Tomatenmark, Ingwer, Essig, Currypulver und Salz dazugeben. Die Mischung aufkochen und 1 Minute auf kleiner Flamme köcheln lassen.

Für die Wedges: Den Backofen auf 220 °C Ober-/Unterhitze vorheizen. Die Kartoffeln mit Schale in Spalten schneiden und in eine Schüssel geben. Olivenöl und Sesam dazugeben und alles gut vermengen.

Das Backblech kräftig mit Olivenöl bestreichen. Die Kartoffelspalten mit Abstand zueinander darauf verteilen und im Ofen in etwa 15 Minuten goldbraun und weich backen. Die Wedges aus dem Ofen nehmen und mit Salz und Pfeffer würzen.

TIPP: Im Kühlschrank hält sich der Ketchup 2 bis 4 Wochen.

KÜCHENHITS VOL. 5

SWEET-TOUR

ZUCKERSÜSSE SCHNULZEN UND SÜNDIG GUTE MEGAHITS FÜR HERZ UND HÜFTE

SPICY CHOCOLATE-CHIP-COOKIES

CHOCOLATE CHIP COOKIES
WISE GUYS

Sie nennen sich »Schlaumeier«, aber mit ihrem gesungenen Schokokeks-Rezept haben sie sich als echte Küchenphilosophen erwiesen. Denn was Leib und Seele im Innersten zusammenhält, ist ein mit Liebe und Schwung gebackener guter Schokoladenkeks. Wenn man zum Song sorgfältig Henriettes Rezept für die ***Schokocookies mit Rosmarin und Feige*** *durchliest, funktioniert das Konzept der Wise Guys einwandfrei. Da kann keiner widerstehen.*

ZUTATEN FÜR 32 STÜCK

75 g getrocknete Feigen
75 g Zartbitter-Schokolade (50 % Kakao-Anteil)
150 g Zucker
200 g weiche Butter
1 Eigelb
1 Päckchen Bourbon-Vanillezucker
300 g Mehl
Schalenabrieb von ½ Bio-Orange
3 TL Rosmarin, gehackt

Backblech, Backpapier

Zur Vorbereitung: Den Backofen auf 180 °C Umluft vorheizen. Die Feigen und die Schokolade in circa 0,5 × 0,5 Zentimeter kleine Stücke schneiden.

Für die Cookies: Zucker, Butter, Eigelb, Vanillezucker und Mehl in eine Schüssel geben und mit einer Gabel verrühren, bis ein krümeliger Teig entsteht. Diesen dann mit den Händen zu einer glatten Masse verkneten. Feigen, Schokolade, Schalenabrieb und Rosmarin gleichmäßig in den Teig kneten.

Aus dem Teig 32 gleich große Kügelchen formen. Diese mit der Hand zu runden, 0,5 Zentimeter dicken Talern drücken. Die Cookies mit großzügigem Abstand auf das mit Backpapier ausgelegte Backblech legen und 12 bis 15 Minuten im Ofen auf mittlerer Schiene backen. Auf einem Kuchengitter abkühlen lassen.

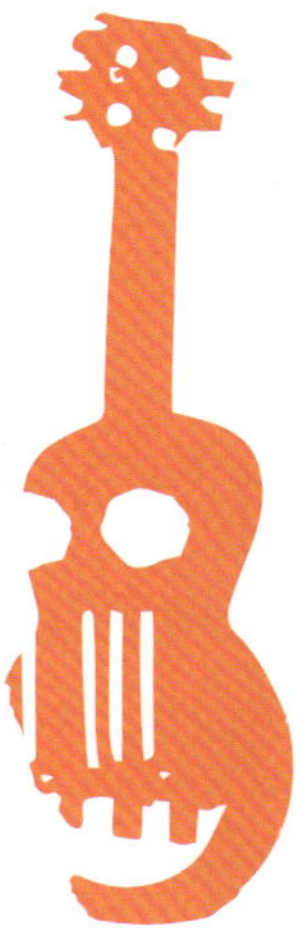

POP STAR Soup
Kate
Sweet Pumpkin

KÜRBIS-SUPPE SWEET REMIX

PUMPKIN SOUP
KATE NASH

Kürbissuppe war eigentlich nur der Arbeitstitel für den Song, in dem es darum geht, einen Typen zu küssen, den man für besser hält, als er in Wirklichkeit ist. Udo kam beim Zuhören die perfekte Alternative: Wenn man sich also nach einer zärtlichen Berührung seiner Lippen sehnt: Finger weg von den falschen Jungs: Schlürf lieber ein Schälchen ***süße Kürbis-Orangen-Suppe mit Haselnuss-Salz-Krokant.***

ZUTATEN
FÜR 4 PERSONEN

SUPPE

500 g Hokkaido-Kürbis
50 g Butter
120 g Akazienhonig
300 g Sahne
300 ml Wasser
1 Msp. Vanillepulver
1 Msp. Zimt
1 Sternanis
1 Prise Salz
1 Bio-Orange

KROKANT

50 g ganze Haselnüsse
25 g Akazienhonig
1 Prise Salz

Backpapier

Für die Suppe: Den Kürbis waschen, halbieren, entkernen und mit der Schale in 2 × 2 Zentimeter große Stücke schneiden.

Butter in einem Topf auslassen und die Kürbisstücke darin auf kleiner Flamme 2 Minuten anbraten. Honig, Sahne, Wasser, Vanille, Zimt, Sternanis und Salz dazugeben und alles zum Kochen bringen. Den Kürbis dann bei kleiner Hitze in etwa 5 Minuten weich kochen. Den Sternanis herausfischen – nur große Fans lassen ihn drin – und anschließend die Suppe fein pürieren.

Die Orange gut waschen, die Schale abreiben und unter die heiße Suppe rühren.

Für den Krokant: Die Haselnüsse grob hacken, es dürfen ruhig auch ein paar größere Stücke dabei sein.

In einer kleinen Pfanne den Honig erhitzen und vorsichtig karamellisieren lassen. Die Haselnüsse hinzufügen und alles gut vermengen. Salz hinzufügen.

Die Masse auf einem Backpapier glatt streichen und kalt werden lassen. Den Krokant grob hacken und über die Suppe geben.

SERVIERTIPP: Zum Verfeinern kann man die Suppe noch mit einem kleinen Klecks Schlagsahne, Orangenzesten und Minzblättchen garniert servieren.

AMERICAN PIE
DON MCLEAN

APPLEPIE FEAT. BERGPFIRSICH

Nicht nur für mich schmeckt die gute alte Zeit, die Kindheit, nach Apfelkuchen. Vielfach gecovert und für mehr oder weniger geschmackvolle Filme missbraucht, schrieb Don McLean sein weltbekanntes Stück in Erinnerung an die verlorene Unschuld der Rockmusik. Udo liebt das Original und bäckt dazu einen gedeckten ***Bergpfirsich-Apfel-Kuchen.*** *Denn der Geschmack hat ihn bis heute noch immer zum Lächeln gebracht.*

ZUTATEN FÜR 1 KLEINEN KUCHEN

MÜRBETEIG

100 g kalte Butter, gewürfelt
200 g Dinkel-Vollkornmehl
½ TL Salz
50 ml eiskaltes Wasser
Mehl für die Arbeitsfläche
etwas Fett für die Form

FÜLLUNG

300 g Bergpfirsiche
100 g Äpfel
50–80 g Akazienhonig, je nach Süße des Obstes
1 Msp. Vanillepulver
2 Msp. Zimt
1 gehäufter EL Dinkel-Vollkornmehl
1 TL Puderzucker zum Servieren

runde Backform, 18 cm Ø, mit niedrigem Rand

Für den Mürbeteig: Die kalte Butter in einer Schüssel mit Mehl und Salz mit den Fingern vermengen, bis eine bröselige Konsistenz entsteht. Das eiskalte Wasser hinzufügen und alles zügig zu einem glatten Teig verkneten.

Den Teig in 2 Portionen teilen: 200 Gramm für den Boden und 150 Gramm für die Haube. Beide Teigstücke auf einer bemehlten Arbeitsplatte zu Kreisen von etwa 15 Zentimeter Durchmesser ausrollen. In Frischhaltefolie gewickelt für 1 bis 2 Stunden kühlen.

Für die Füllung: Pfirsiche und Äpfel waschen, entkernen und mit Schale in haselnussgroße Stücke schneiden. In einer Schüssel mit Honig, Vanille und Zimt verrühren. Zum Schluss das Dinkelmehl unterrühren.

Zum Fertigstellen: Den Backofen auf 220 °C Ober-/Unterhitze vorheizen. Den Teigboden auf 25 Zentimeter Durchmesser ausrollen und in die ungefettete Backform einlegen. Der Teigrand sollte 1 Zentimeter über den Rand der Form hinausstehen. Dann die Obstmasse einfüllen.

Nun den Teigdeckel auf circa 19 Zentimeter Durchmesser ausrollen. Über die Füllung legen und leicht andrücken. Deckel und Boden am Rand etwa 2 Zentimeter zusammendrücken. Überstehenden Teig abschneiden. Den Rand mit einer Gabel ringsum etwas eindrücken und die Teighaube mehrfach einstechen.

Den Kuchen 10 Minuten backen. Danach die Hitze auf 180 °C reduzieren und weitere 50 Minuten backen, bis er goldbraun ist. Vor dem Servieren mit Puderzucker bestreuen.

SWEETS FOR MY SWEET
THE DRIFTERS

FUNKY FUDGE

Beschenke deine Süßen mit Süßem. Der Meinung von Doc Pomus und Mort Shuman – die haben den Song geschrieben – ist Henriette auch. Die Version der Drifters hat es ihr besonders angetan. Damit die Küchenversion des süßen Klassikers etwas mehr Gehalt und Farbe bekommt, hat Henriette ***Fudge mit Pistazien und Cranberrys*** *gemacht.*

ZUTATEN
FÜR 35–40 STÜCK

500 g weiße Schokolade
400 g gezuckerte Kondensmilch
1 Prise Salz
1 TL Vanilleextrakt
100 g ungesalzene Pistazien ohne Schale
100 g getrocknete Cranberrys

eine viereckige Form (20 × 20 cm), Klarsichtfolie

Für das Fudge: Die Schokolade in kleine Stücke brechen und mit der gezuckerten Kondensmilch in einen Topf geben. Bei niedriger Hitze vorsichtig schmelzen und immer wieder umrühren. Wenn die Schokolade geschmolzen ist und sich mit der Kondensmilch zu einer homogenen Masse verbunden hat, Salz und Vanilleextrakt hinzugeben. Dann die Pistazien und die Cranberrys unterheben.

Die Form mit der Klarsichtfolie auslegen. Die Fudgemasse in die Form gießen und mit einem Löffel glatt streichen. Abkühlen lassen, da sich sonst Kondenswasser bildet, und dann erst mit Klarsichtfolie abdecken. Für 3 Stunden in den Kühlschrank stellen.

Vor dem Servieren: Die gut durchgekühlte Fudgeplatte aus der Form heben und die Folie entfernen. Mit einem scharfen Messer in circa 2 × 3 Zentimeter große Stücke schneiden.

NO-BLUES OREOTRIFLE

OREO COOKIE BLUES
LONNIE MACK

*Der Song erzählt von einem Laster, das viele kennen und lieben: Oreo-Cookies. Kein Grund zum Traurigsein. Deshalb hat sich Henriette nachts in die Küche geschlichen und mit Schokolade an den Fingern und Füllung an den Lippen die Oreos zu einem **Oreo-Cookie-Trifle mit Vanille und Schoko-Mascarpone-Creme** verwandelt.*

ZUTATEN
FÜR 4 PERSONEN

3 Blatt Gelatine
200 g Oreo-Kekse
200 g Schlagsahne
100 ml Milch
250 g Mascarpone
2 EL Zucker
1 Päckchen Bourbon-Vanillezucker
1 EL Kakaopulver

Zur Vorbereitung: Die Gelatine in etwas kaltem Wasser 10 Minuten einweichen. Die Oreos mit einem Messer hacken, sodass kleinere und größere Stückchen entstehen. 4 Esslöffel Keksbrösel für die Garnitur beiseitelegen. Die Schlagsahne in einer Schüssel steif schlagen.

Für die Creme: Die Milch in einen Topf geben und leicht erwärmen (nicht kochen). Die Gelatine gut ausdrücken und dann in der Milch auflösen.

Die Mascarpone in einer Schüssel mit der Gelatine-Milch, Zucker und Vanillezucker verrühren. Dann die Sahne vorsichtig unterheben. Dabei nicht zu stark rühren, da die Masse sonst nicht fluffig wird.

Die Mascarpone-Masse halbieren und in die eine Hälfte das Kakaopulver rühren.

Zum Fertigstellen: Die vorbereiteten Zutaten nun schichtweise in Gläser füllen. Dabei mit den Keksen beginnen, dann abwechselnd die beiden Cremes daraufgeben. Den Abschluss sollte eine Schicht Creme bilden. Die Creme 2 Stunden im Kühlschrank kalt stellen.

Vor dem Servieren: Die restlichen Keksbrösel auf der Creme verteilen und Trifle servieren.

TIPP: Wer mag, kann zwischen die einzelnen Schichten noch frische Erdbeeren, Himbeeren oder Blaubeeren legen.

CHOCOLATE REMIX
STRACCIATELLA STYLE

ICH WILL KEINE SCHOKOLADE
TRUDE HERR

Damit eine strenge Erziehung niemals wieder in eine derart rigorose Zurückweisung unserer liebsten Süßigkeit mündet wie bei Trude, musste ein ***Mohn-Stracciatella-Semifreddo mit Ingwer-Rhabarber-Kompott*** *her. Hilft nicht nur als süßer Trost bei Liebeskummer. Wenn man Udos Dessert dem Objekt der Begierde mit Trude Herrs Gesang garniert serviert, wickelt man es garantiert mühelos um den Finger.*

ZUTATEN
FÜR 4–6 PERSONEN

SEMIFREDDO

1 Vanilleschote
1 Ei
1 Prise Salz
60 g Akazienhonig
250 g Sahne
3 TL Mohn
100 g Zartbitter-Schokoperlen oder klein gehackte Kuvertüre

KOMPOTT

300 g Rhabarber
25 g Ingwer
100 ml Wasser
150 g Akazienhonig
1 Nelke
¼ Stange Zimt
1 Sternanis
1 kleine Rote Bete

Förmchen zum Einfrieren

Für das Semifreddo: Das Mark der Vanilleschote auskratzen. Ei, Vanillemark, Salz und Akazienhonig in eine hitzebeständige Rührschüssel geben und auf ein heißes Wasserbad setzen. Die Schüssel darf das Wasser nicht berühren! Mit einem Schneebesen die Masse schaumig aufschlagen. Solange sie auf dem Wasserbad steht, muss die Masse ständig gerührt werden, da sie sonst stockt und zu Rührei wird.

Die Schüssel anschließend in Eiswasser setzen und weiterrühren, bis die Creme abgekühlt ist.

Sahne steif schlagen und mit dem Mohn und den Schokoperlen behutsam in 2 Schritten unter die kalte Creme heben. Das Semifreddo in eine Form oder mehrere kleine Förmchen füllen und einfrieren. Nach 3 bis 4 Stunden ist es verzehrbereit.

Für das Kompott: Den Rhabarber in 3 Zentimeter lange Stücke schneiden. Den Ingwer schälen und klein schneiden. Rhabarber mit Wasser, Honig, Nelke, Zimtstange, Ingwer und Sternanis in einem Topf aufkochen. Danach noch etwa 2 Minuten auf kleinster Flamme weich köcheln. Das Kompott abkühlen lassen.

Die Rote Bete mit Schale in Wasser je nach Größe in 30 bis 45 Minuten weich kochen. Danach die Schale entfernen. Die Rote Bete und 2 bis 3 Esslöffel Wasser mit einem Pürierstab pürieren.

Das kalte Kompott mit 1 bis 2 Teelöffeln Püree färben und zum Semifreddo reichen.

TIPP: Wenn das Semifreddo länger als 12 Stunden im Gefrierschrank war, sollte es 10 Minuten vor dem Verzehr aus dem Gefrierschrank geholt werden.

TEA FOR TWO
ELLA FITZGERALD

ARABISCHES TEEGEBÄCK FOR TWO

Ella Fitzgerald ist Udos Meinung nach die schönste. Bittersüß wie eine Tasse Tee klingt ihre Stimme, wenn sie den Klassiker aus der Feder von Vincent Youmans (Musik) und Irving Caesar (Text) singt. Die titelgebende Bridge »Tea for Two« war eigentlich nur ein Fülltext und ist eine Sonderangebots-Formulierung, mit der Teeverkäufer 2 Päckchen Tee zum Preis von einem anpriesen. Die Bridge blieb und ein Werbeslogan wurde durch Musik zum Ausdruck inniger Liebe. Und mit Udos kulinarischem Kompliment an Ellas Schönheit machst du ab sofort aus dem Tantentee ein süßes Dessert für zwei: ***Arabisches Teegebäck mit Kardamom.***

ZUTATEN FÜR 24 STÜCK

200 ml Milch, lauwarm
42 g Hefe (1 Würfel)
500 g Weizenmehl, Type 500
1 TL Salz
1 gehäufter TL gemahlener Kardamom
50 g Akazienhonig
50 g flüssige Butter
2 Eier
Mehl zum Bestäuben und für die Arbeitsfläche
1 l Öl zum Frittieren
100 g Zucker

Backblech

Zur Vorbereitung: Die Hefe in 50 Milliliter handwarmer Milch auflösen. Mehl mit Salz und Kardamom in einer Schüssel vermengen. Das Milch-Hefe-Gemisch, Honig, Butter, Eier und die restliche Milch dazugeben. Zu einem glatten Teig kneten.

Den Teig zu einer Kugel formen und in eine Schüssel legen. Mit etwas Mehl bestäuben und mit einem Geschirrtuch abdecken. An einem warmen Ort zur doppelten Größe aufgehen lassen.

Den Teig nochmals durchkneten und dann in 24 Stücke teilen. Jede Portion zu einer 30 Zentimeter langen Rolle formen. Diese zu einer Acht formen und die Enden zusammenpressen.

Die Teiglinge auf ein mit Mehl bestäubtes Backblech legen, leicht mit Mehl bestäuben. Mit einem Küchentuch abdecken und 15 bis 30 Minuten gehen lassen.

Zum Fertigstellen: In einem kleinen Topf das Frittieröl erhitzen. Es ist heiß genug, wenn beim Eintauchen eines Holzkochlöffels Blasen emporsteigen. Die Teiglinge einzeln in das heiße Fett setzen. Den Topf mit einem Deckel verschließen und circa 30 Sekunden backen. Dann wenden und weitere 30 Sekunden backen. Wenn das Gebäck von beiden Seiten goldbraun ist, auf Küchenpapier abtropfen lassen.

Zucker in einen tiefen Teller geben und Gebäck darin wenden.

TIPP: Das Ausbacken der Teigstücke in Öl erfordert etwas Fingerspitzengefühl, weil das Öl auf dem Herd in der Regel keine konstante Temperatur hat. Mit einer Fritteuse ist das einfacher. Alternativ kann das Gebäck mit 50 Gramm Akazienhonig bepinselt und mit 100 Gramm Kokosflocken bestreut werden.

DICKE
MARIUS
MÜLLER-WESTERNHAGEN

DOUBLECHOC CHEESECAKE

Der provokative Song ist laut Komponist eine Kritik an einer Gesellschaft, die unreflektiert auf Minderheiten losgeht, und damit alles andere als eine Absage an all jene, die nicht dem gängigen Schlankheitsideal entsprechen.
Mit diesem Kuchen setzt Henriette ihre dicke Zustimmung mit einem ***White-Chocolate-Cheesecake mit dunkler Schokosauce und Macadamianüssen*** *obendrauf und sagt damit durch die Torte, was alle kapieren sollten: Schönheit hat nichts mit Gewicht zu tun und ist Geschmackssache im besten Sinne des Wortes. In diesem Sinne: ein Hoch auf das Hüftgold.*

ZUTATEN FÜR 1 KUCHEN

BODEN
250 g kernige Haferkekse oder Vollkorn-Butterkekse
100 g Butter
70 g gemahlene Mandeln
3 Msp. Zimt

FÜLLUNG
300 g weiße Schokolade
5 Eier
1,2 kg Doppelrahmfrischkäse
30 ml weiße Crème de Cacao (optional)
2 TL Vanilleextrakt
100 g Zucker

TOPPING
100 g Zartbitter-Schokolade (50 % Kakaoanteil)
70 ml Milch
100 g Macadamianüsse

Springform mit 26 cm Durchmesser, Boden mit Backpapier ausgelegt, Rand gefettet

Für den Boden: Die Kekse mit einem Blitzhacker fein zerkleinern. Alternativ in einem Gefrierbeutel mit einem Nudelholz zerbröseln. Die Butter bei schwacher Hitze in einem Topf schmelzen. Kekskrümel, Mandeln und Zimt dazugeben und gut vermengen.

Die Keks-Butter-Masse gleichmäßig auf dem Boden der vorbereiteten Springform verteilen und festdrücken. Bis zum Backen kühl stellen.

Für die Füllung: Den Backofen auf 180 °C Umluft vorheizen. Die weiße Schokolade zerkleinern und in einer Metallschüssel über dem Wasserbad vorsichtig schmelzen. Anschließend lauwarm abkühlen lassen.

Währenddessen in einer Schüssel die Eier verquirlen, dann alle weiteren Zutaten hinzugeben und gut vermischen. Zum Schluss die Schokolade unter ständigem Rühren einarbeiten.

Die Füllung auf dem Boden verteilen. Den Kuchen auf mittlerer Schiene 40 bis 45 Minuten backen. Im Ofen auskühlen lassen und dann abgedeckt über Nacht kalt stellen.

Für das Topping: Die dunkle Schokolade grob hacken und mit der Milch in einem kleinen Topf bei schwacher Hitze unter ständigem Rühren erwärmen, bis die Schokolade geschmolzen ist und sich mit der Milch zu einer glatten Sauce verbunden hat. Vorsicht: Die Schokolade brennt leicht an.

Die Schokoladensauce auf den Kuchen streichen oder gießen. Dabei kann ruhig etwas über die Ränder laufen. Die Macadamianüsse grob hacken und den Cheesecake damit bestreuen.

BROWN SUGAR
THE ROLLING STONES

PANNACOTTA STICKY FINGER STYLE

Der Song ist 1971 auf dem Album Sticky Fingers erschienen. Und die bekommt man definitiv, wenn man »Brown Sugar« in der Küche hört und etwas brauner Zucker und Sahne in Reichweite stehen. Man muss den Hit der »bösen Jungs« nämlich weder rückwärts anhören noch Musikhistoriker sein, um seine wahre Botschaft zu verstehen: Mach Henriettes ***gebrannte Lemongrass-Panna-Cotta mit marinierten Erdbeeren*** *und vernasch sie, sofort, hemmungslos… Die süßeste Sünde der Rockgeschichte!*

ZUTATEN FÜR 4 PERSONEN

PANNACOTTA

1 Stange Zitronengras
6 Blatt Gelatine
½ Vanilleschote
500 g Schlagsahne
100 g Zucker
1 Prise Salz
6–7 TL brauner Zucker oder Rohrzucker

ERDBEEREN

500 g Erdbeeren
Saft und Abrieb von ½ Bio-Limette
2 TL Puderzucker
1 EL Orangenlikör (optional)
einige Minz- oder Zitronenmelisseblättchen zur Dekoration

feuerfeste Schälchen

Für die Pannacotta: Das Zitronengras mit dem Rücken eines Messers flach quetschen. Die Gelatine 10 Minuten in kaltem Wasser einweichen. Die Vanilleschote aufschneiden und das Mark herauskratzen.

Das Zitronengras, das Vanillemark und die Vanilleschote mit der Sahne in einem Topf erhitzen. 10 Minuten bei sehr kleiner Hitze ziehen lassen. Die Sahne darf nicht kochen.

Die Vanilleschote und das Zitronengras aus der Sahne nehmen, den Zucker einrühren und auflösen. Salz zugeben. Nun die Gelatine gut ausdrücken, in die Sahne geben und einrühren, bis sie aufgelöst ist.

Die Sahnemischung in 4 feuerfeste Schälchen füllen. In den Kühlschrank stellen und mindestens 2 Stunden fest werden lassen.

Für die Erdbeeren: Die Erdbeeren putzen, vierteln und in eine Schüssel geben. Limettenabrieb, -saft, Puderzucker und Orangenlikör gut unterrühren. 2 Stunden im Kühlschrank ziehen lassen.

Vor dem Servieren: Den braunen Zucker gleichmäßig auf der Oberfläche der Pannacotta verteilen, sodass in jedem Schälchen eine dünne Schicht entsteht. Diese mit einem Gasbrenner karamellisieren.

Die fertige Pannacotta zusammen mit den Erdbeeren servieren und nach Belieben mit Minze oder Zitronenmelisse garnieren.

Sex
Food and Rock'n
Roll

EISLOLLIPOPS BERLIN STYLE

MY BOY LOLLIPOP
MILLIE SMALL

Liebe isst…. Und wieder sagst eine kulinarisch verpackt. Das klingt so zuckersüß mit einer sommerlichen Prise Ska-Rhythmus, dass Udo sofort Lust bekam auf eine hitzetaugliche Liebeserklärung an die Liebe unseres Lebens: Berlin, du lässt unsere Herzen höherschlagen, du bist so süß wie ***Berliner-Weiße-Paletas mit Holunder oder Waldmeister****!*

ZUTATEN
FÜR 4–5 STÜCK

HOLUNDERPALETA
1 kleine Rote Bete
2–3 EL Wasser
300 ml Berliner Weiße
60 g Holunderblütensirup

WALDMEISTERPALETA
300 ml Berliner Weiße
60 g Waldmeistersirup

ausreichend Eisformen

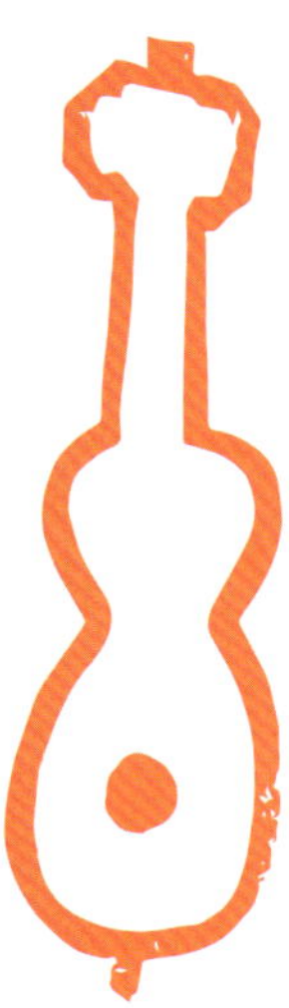

Für die Holunderpaletas: Die Rote Bete mit Schale in einem Topf mit Wasser weich kochen. Das dauert je nach Größe der Knolle 30 bis 45 Minuten. Danach die Schale entfernen und die Rote Bete mit 2 bis 3 Esslöffeln Wasser im Mixer fein pürieren.

Die Berliner Weiße in einer Schüssel mit dem Holunderblütensirup mischen und mit 1 Teelöffel Rote-Bete-Püree färben. Die Flüssigkeit auf 4 Eisformen verteilen und 1 bis 2 Stunden im Gefrierschrank anfrieren lassen. Danach die Eisstiele einsetzen. Nach weiteren 3 bis 4 Stunden im Gefrierfach kann das Eis verzehrt werden.

Für die Waldmeisterpaletas: Die Berliner Weiße in einer Schüssel mit dem Waldmeistersirup vermengen. Die Flüssigkeit auf 4 Eisformen verteilen und 1 bis 2 Stunden im Gefrierschrank anfrieren lassen. Danach die Eisstiele einsetzen. Nach weiteren 3 bis 4 Stunden im Gefrierfach kann das Eis verzehrt werden.

TIPP: Holunder schmeckt nicht nur als Sirup! Mit etwa 30 Gramm gezupften Holunderblüten und 500 Gramm Honig kannst du dir einen wunderbaren Blütenhonig selber machen: Die gezupften Blüten (das Grün würde den Geschmack verderben) in das Glas mit dem Honig geben und unterrühren. Fest verschlossen gut 1 Woche ziehen lassen, dabei täglich einmal umdrehen. Zum anschließenden Abseihen den Honig im Wasserbad auf 40 °C erhitzen und dann durch ein feines Sieb streichen. Kann auch den Holundersirup im Eis ersetzen.

DIE KOMPLETTE BEATBOX – ALLE REZEPTE AUF EINEN BLICK

VOL. 1: BREAKFAST TOUR

VOL. 2: TO-GO-TOUR

VOL. 3: DINNER-TOUR

VOL. 4: PARTY-TOUR

VOL. 5: SWEET-TOUR

ÜBER DIE MACHER

Henriette Wulff kocht schon seit ihrer Kindheit – die Liebe zum Kochen und die Leidenschaft, Gäste zu bewirten, sind bei ihr seitdem stetig gewachsen. Inspiriert wird die gebürtige Berlinerin auf ihren vielen Reisen. Henriette Wulffs Rezepte sind unkompliziert, kreativ, außergewöhnlich und gelingen auch weniger geübten Köchen. Die Autorin machte sich außerdem als »Henriette Bulette« einen Namen: Sie betreibt einen erfolgreichen Youtube-Channel, tritt inTV-Sendungen auf, ist in Zeitschriften präsent und eroberte mit den internationalen Fleischklops-Rezepten in ihrem »Hackbällchen-Kochbuch« alle Herzen. Mehr unter: www.henriettewulff.de.

Udo Einenkel: Foodfotograf – Foodstylist – Berlin
Udo Einenkel ist Gault Millau prämierter Profi-Koch und war von 1990 bis 2005 Betreiber des Bio-Restaurants *Abendmahl* in Berlin. Alles was sich rund um das Thema Essen bewegt, Kochen, Foodfotografie, Gesundheit, Lebensmittel, Philosophie aber auch Geschirrtücher, lässt sein Herz höher schlagen. Sein Credo: Essen muss gesund, lecker und sexy sein. Udo Einenkel arbeitet heute als Kochbuchautor, Foodfotograf und Foodstylist.
www.udoeinenkel.de
www.udo-einenkel-kochkurse.de

HENRIETTE WULFF SAGT DANKE:

Mein größter Dank gilt meinem wundervollen Ehemann Toby Wulff, der mir jederzeit mit Rat und Tat zur Seite steht und mich unterstützt. Deine Liebe inspiriert mich jeden Tag aufs Neue und du bist einfach der beste Mann, den ich mir vorstellen kann! Ich möchte mich außerdem bei meiner ganz tollen Mama bedanken. Sie ist die beste Köchin von allen und hat mir die Liebe und Leidenschaft zum Kochen vermittelt. Vielen Dank auch an meine Familie und alle meine Freunde, die mich in meiner Arbeit unterstützen und sich als fleißige Testesser und -köche zur Verfügung stellen. Ein herzliches Dankeschön geht außerdem an meine Lektorin Sonja Forster, die stets mit vollem Einsatz dabei ist. Nicht zu vergessen: Ein dickes Danke an meine Leser – für euer Feedback, euren Support und euren Appetit auf meine Rezepte!

UDO EINENKEL SAGT DANKE:

Danke an alle Musiker, die mich auf meinem Weg vom Proberaum, Studio und auf die Bühne begleitet haben. Es waren unvergleichbare wilde und inspirierende Jahre, auch, wenn die Proberäume feucht, niedrig und verqualmt waren. In den 80er-Jahren in der »Mauerstadt« Berlin waren wir mit unserer Indie-Popband *Cathrin the Great* mit Sepp Aman, Joachim Töpel und Benjamin Young dem Rock'n Roll Himmel so nah. Leider hat uns die Stasi gedisst und die Treppe zum Rockheaven mit Schmierseife bearbeitet. In den 70er-Jahren war meine Burgdorfer Schulband *Bastard* mit Carlo Bührig, Frank Schröder und Ralf Petrich mit langen Haaren, Parka und Räucherstäbchen der Lokalhit auf Progressive-Rock-Veranstaltungen. Thank you Thomas Janz, Anette Piepenbrink, Mark Reeder, Monika Döring und Toby Wulff. Last but not least Alexander Wolf (next big Rockstar) für Pop-Rock-Talk und Fotoshop-Begleitung. Großen Dank an alle Mitarbeiter vom BLV, die an diesem Buch mitgearbeitet haben. Ein spezielles Dankeschön geht dabei an unsere Lektorin Sonja Forster, die dieses Buch mit viel Herzblut und Rock'n'Roll mitentwickelt hat. Merci an die guten Köche, die mich bisher kulinarisch inspiriert und lecker bekocht haben.

Impressum

Bibliografische Information der Deutschen Nationalbibliothek
Die Deutsche Nationalbibliothek verzeichnet diese Publikation in der Deutschen Nationalbibliografie; detaillierte bibliografische Daten sind im Internet über http://dnb.d-nb.de abrufbar.

BLV Buchverlag GmbH & Co. KG
80636 München

www.facebook.com/blvVerlag

Bildnachweis:
Foodfotografie: Udo Einenkel
Foodstyling: Roland Göbel, Udo Einenkel
Autorenfotos: Seite 6 und 126: Toby Wulff
Illustrationen: Svenja Fox, Udo Einenkel

Umschlagkonzeption und -gestaltung: BLV-Verlag
Umschlagfotos: Udo Einenkel

Lektorat, Konzept, Songgeschichten:
Sonja Forster
Rezeptlektorat: Caroline Kazianka
Herstellung: Ruth Bost
Layoutkonzept Innenteil: Julia Romeiß, München
Satz und Layout: Uhl + Massopust, Aalen

Gedruckt auf chlorfrei gebleichtem Papier

Printed in Germany
ISBN 978-3-8354-1692-5

Hinweis
Das vorliegende Buch wurde sorgfältig erarbeitet. Dennoch erfolgen alle Angaben ohne Gewähr. Weder Autoren noch Verlag können für eventuelle Nachteile oder Schäden, die aus den im Buch vorgestellten Informationen resultieren, eine Haftung übernehmen.